高等教育艺术设计专业"十四五"校企合作融媒体系列教材

U0641617

文创产品设计

主编　徐鸣

CULTURAL AND CREATIVE PRODUCT DESIGN

华中科技大学出版社
http://press.hust.edu.cn
中国·武汉

图书在版编目(CIP)数据

文创产品设计/徐鸣主编.—武汉：华中科技大学出版社,2023.11
ISBN 978-7-5772-0078-1

I.①文… Ⅱ.①徐… Ⅲ.①文化产品-产品设计-教材 Ⅳ.①G114

中国国家版本馆 CIP 数据核字(2023)第 216457 号

文创产品设计

Wen-Chuang Chanpin Sheji

徐鸣　主编

策划编辑：江　畅

责任编辑：段亚萍

封面设计：孢　子

责任监印：朱　玢

出版发行：华中科技大学出版社(中国·武汉)　　电话：(027)81321913

　　　　　武汉市东湖新技术开发区华工科技园　　邮编：430223

录　　排：武汉创易图文工作室

印　　刷：武汉市洪林印务有限公司

开　　本：889 mm×1194 mm　1/16

印　　张：8.5

字　　数：263 千字

版　　次：2023 年 11 月第 1 版第 1 次印刷

定　　价：59.00 元

中华文化源远流长、灿烂辉煌。同时要看到,随着各种思想文化交流交融交锋更加频繁,迫切需要深化对中华优秀传统文化重要性的认识,进一步增强文化自觉和文化自信;迫切需要深入挖掘中华优秀传统文化价值内涵,进一步激发中华优秀传统文化的生机与活力;迫切需要加强政策支持,着力构建中华优秀传统文化传承发展体系。党的二十大报告明确指出:"坚守中华文化立场,提炼展示中华文明的精神标识和文化精髓,加快构建中国话语和中国叙事体系,讲好中国故事、传播好中国声音,展现可信、可爱、可敬的中国形象。"在新的时代要求下以更科学的态度看待传统文化的保存传承与开发创新,就要以辩证的眼光看待保护传统与革新开发。"传承"不等于"凝滞","创新"的内核应该是"守真",坚持走"守真+创新"的文创产品开发模式才能实现增强文化自信力的目的。

文化传承不应是原封不动的固态保存,只有被公众所认识、欣赏、消费,重建中国式、民族式的美学意境,才是文化活态传承的最佳方式。"以古人之规矩,开自己之生面",探索传统文化创造性转化的逻辑起点,探寻传统文化的创新产业发展呈现之力度和宽度,使之"冷门不冷,绝学不绝"。从地域特色中挖掘传统文化、民族文化、非遗文化资源。一方水土孕育一方文化,不同社会结构和发展水平的地域自然地理环境、民俗风情习惯、政治经济情况,孕育了中华大地上不同特质、各具特色的地域文化。文创产品开发是实现传统文化鲜活化与品牌化的有生力量,应着力培育一批既具有核心竞争优势,又具有市场化能力的文化创意产品。充分挖掘非遗的内涵和外延,提升文创产品的质量与经济附加值。"扎根于本土,放眼于天下"的理念是探讨的核心,将文创产品研究与实践做在祖国大地上,更是希望更多、更深入地挖掘地域特色,形成差异化竞争,在历史的长河中汲取养分,并能让其重新融入现代社会的审美主流之中,探寻"传统+时尚"的平衡法则。

我们应顺应国家"文化强国"战略,助力提升国家文化软实力,传承弘扬中华优秀传统文化,推动文创产品设计开发的创造性和创新性发展,讲好中国故事、传播好中国声音。

扫码查看课件

目录
Contents

Wen-Chuang Chanpin Sheji

第一章
文创产业简介

1.1
定义与范围

文创或文化创意是指一种以文化作为根基和核心元素,整合多元文化资源,综合跨学科知识,运用多种载体和表现手法对文化进行再造和革新的行业现象。文化创意产业这一富有生机与活力的领域,凭借其特有的创新力、艺术性与商业价值,为社会营造了丰富的文化体验,拉动了经济增长,带动了社会文明进步。

文化创意产业这一行业涉及多个领域,由以下创意群体组成:

传媒:包括报纸、杂志,就是传播各种信息的媒体。传播媒体或称"传媒""媒体"或"媒介",指传播信息资讯的载体,即信息传播过程中从传播者到接收者之间携带和传递信息的一切形式的物质工具。

视觉艺术:包含绘画、雕塑、摄影、插画、平面设计,涉及传统艺术至现代艺术之多种形式和样式。

服装设计:涵盖时尚、流行、功能性的各种服装,包括成衣、饰品、鞋帽。

软件及计算机服务:涵盖数字媒体、互动娱乐、网络游戏、移动应用、虚拟现实,涵盖创意编程、算法设计、人工智能的运用及创新。

表演艺术:包括戏剧、音乐、舞蹈、杂技和其他表演形式,并对其进行创作和生产,同时对各类表演、活动进行规划和安排。

影视和动画:包括电影、电视剧、纪录片、动画片和其他影视作品,并对有关视觉特效、音效和其他技术进行创新。

文化旅游和体验:旅游不再只是简单地观光,游客更加注重感受文化的内涵和历史的底蕴,通过亲身体验和参与,更好地理解和感受旅游目的地的文化内涵和特色。《"十四五"文化发展规划》提出:推动文化和旅游融合发展,坚持以文塑旅、以旅彰文,推动文化和旅游在更广范围、更深层次、更高水平上融合发展,打造独具魅力的中华文化旅游体验。

文学创作和发表:包括小说、诗歌、散文、戏剧和其他类型文学作品,并进行有关文学评论、翻译和宣传。

文化创意产品示例见图 1-1。

1.2
文创产业的起源与发展

1. 文创产业的起源

文创产业渊源可追溯至文明发展初期,并随着人类社会进步不断演进。从古到今,人类从制陶、编结到种植、畜养,从战争到祭祀、装饰等社会活动,都逐步形成了丰厚的文化传统与艺术表现。在这一进程中,文

图 1-1　文化创意产品

创产业以人的思想转变与创新为核心。文创产业由来如图 1-2 所示。

　　文创产业伴随着历史的发展逐步脱离原始社会生产力发展而形成了独立的范畴。古埃及、古希腊、古罗马、中国等古代文明的文化创意表现,在建筑、雕塑、绘画、文学等领域留下了丰富的遗产(见图 1-3)。

　　在文化创意产业起源问题上,尽管历史上各个国家均有与文化创意活动相关的记载,但是一般以 1998 年英国政府颁布的《英国创意产业纲领文件》为现代文创产业理念的象征。该文件第一次鲜明地提出"创意产业",认为创意产业是促进一国经济增长的主要动力。文化产业是 21 世纪的朝阳产业,已成世界共识。尤其是在发达国家,文化产业更是国民经济不可或缺的重要的组成部分。例如,美国 GDP 的近 30％来自文化产业,其文化产品占世界市场 43％的份额。日本的文化产品占到世界文化产品市场份额的 10％,仅次于美国。韩国赚取外汇第二多的产业是文化产业,也称得上"世界文化产业强国"。虽然已有不少国家在文化产

图 1-2　文创产业的起源

图 1-3　建筑、雕塑、绘画、文学遗产

业领域有所建树,但是对于文化创意产业却缺少系统性的理解和融合。英国的这份政策文件为我国文化创意产业研究和发展打下了基础,并使文化创意产业逐步成为全球瞩目的热点。

2. 文创产业的发展

在现代,伴随着工业革命,文化传统和现代科技交融,促使文创产业迅猛发展。19 世纪末 20 世纪初,电影、广播、电视等新兴媒体不断涌现,给文创产业提供了全新的传播途径与表现手段。另外,现代印刷技术和摄影技术的进步也给文创产业带来了更大的可能(见图 1-4)。

从 20 世纪末期开始,伴随着全球经济一体化,科技创新和文化多元化进程加快,文化创意产业获得快速

图 1-4　19 世纪末至 20 世纪初新兴媒体的产生

发展。各国政府都出台了相关政策,促进文创产业发展壮大和蓬勃发展。在此过程中,文化创意产业逐渐从单一的文化领域向设计、旅游、教育等更多的产业领域拓展,形成了跨界融合的产业生态(见图 1-5 至图 1-7)。

图 1-5　文创设计产业

图 1-6　文创旅游产业

图 1-7　文创教育产业

21世纪互联网技术普及、数字技术高速发展,文创产业出现空前繁荣。数字媒体,网络游戏,虚拟现实等新领域的崛起给文创产业带来了更多机遇与挑战。世界各国文化交流合作也给各地文创产业注入新生机。

与此同时,互联网技术快速发展给文创产业带来更为广阔的空间,创意内容传播和消费越来越方便,各种文化创意产品能够在世界各地快速传播和沟通。

当今时代,文化创意产业已成为世界各国的重要行业,在增强国家文化软实力、促进经济增长、满足人民群众不断增长的精神文化需求等方面都有着十分重要的作用。

1.3
文创产业的价值与影响

1. 文创产业的价值

文创产业打造的文化产品文化内涵深刻、审美价值独特,能传递思想、意象与生活方式。这类产品凝结了人类智慧和思想,所以被认为是"核心"文化产品。

设计的内核是以人为中心、以人为本,它承载了人们精神上、灵魂上的呵护和抚慰。文创产品作为一种设计结果,体现着物质功能与精神追求相交融,产品价值、实用价值与文化价值相统一。

文化创意产品一般都注重文化与创意理念,它是创意人在某一产业中所体现出来的学识、智慧与灵感。要强化产业载体支撑能力,加快引进一批高品质文旅项目,进一步聚人气、提热度,全面提升产业集聚区影响力,促进文化资源转化为产业优势、经济优势,推动文化创意产业高质量发展。文化创意产业在传承和弘扬优秀传统文化的同时,也推动着人类社会的创新和发展,为世界各地的文化交流和碰撞提供了无限可能(见图1-8)。

2. 文创产业的影响

文化软实力对国家发展战略具有决定性作用。在经济全球化、政治多元化发展的今天,仅仅依靠经济、军事、政治等方面的巨大力量已经不足以保证一国占据国际竞争的先机。而文化软实力通过对价值观、社会制度、伦理道德、生活方式以及意识形态的呈现,正在逐步成为树立国家整体形象、参与国际竞争的关键要素。

文化创意产业对于增强国家文化软实力具有举足轻重的作用。一方面是对本土文化的继承与发扬,增强国民对文化的自信与认同;另一方面又促进了文化创新与跨界融合,在全球市场上提供了独具特色而又充满魅力的文化产品与服务。通过发展文创产业,一国能够在国际舞台展现其特有的文化魅力与创新能力,继而树立新的国际形象。

文创产业还可以为国家经济发展注入新的活力。国家文创实验区紧抓数字文化产业发展机遇,深入实施"文化＋"战略,促进5G、人工智能、大数据等高新技术在文化领域的创新应用,积极构建以文化传媒、数字内容、电竞游戏等为支撑的高端产业体系,出台北京市首个《文化创意企业申请高新技术企业认定指南》,借助科技手段、资本力量、贸易路径,将数字经济和文化产业相结合,探索数字经济发展新道路,助力数字经济

图 1-8　文创产业的发展

产业高质量发展。

　　文创产业蓬勃发展还有利于提升民众生活品质和丰富人们精神文化生活。

　　由此,文创产业对增强国家文化软实力、树立国际形象、促进经济发展以及改善民众生活品质都具有深远意义。文创产业在今后的发展中会继续发挥重要作用,为国家繁荣进步做出更大贡献。构建文化创意园如图 1-9 所示。

图 1-9　文化创意园的建设

续图 1-9

第二章
文创产品的特征与分类

2.1
文创产品的特征

　　文创产品有其特殊的"体验价值",要求其既要满足消费者物质层面上的需要,又要满足消费者心理与精神层面上的需要。文创产品除了具有普通商品所具有的普遍特征外,还应具有不同于一般商品的某些特性,如创新性和文化性、市场性和实用性以及工艺性和地域性等。

1. 创新性与文化性

1)创新性

　　社会在不断地发展变化,历史中的文化与思想观念也许已经不完全符合现代价值观与社会环境。新时期背景下,层出不穷的新文化思潮给文创产品带来了大量灵感。所以,文创产品设计要考虑到传统文化中的精华与现代生活中的真实感受,并融合当代社会中人们的情感需求与价值观,从而打造出富有时代特色、富有创新精神的文化产品。

　　在这一进程中,我们既要对优秀传统文化核心价值给予尊重与继承,同时也要勇于突破与创新,从而适应不同消费者群体的多元化需求。通过重新挖掘传统文化,融入现代设计理念,创造出既有历史底蕴,又充满现代气息,适应现代社会文化产品追求的文创产品。这样,才能把优秀传统文化和现代设计理念结合在一起,打造出充满时代气息和文化底蕴深厚的文创产品。这些产品既继承了优秀传统文化的力量,又彰显了当代社会的理念和价值,给现代人提供了新的审美体验及文化传承方式(见图2-1)。

图2-1　重庆文化与小夜灯

2)文化性

文创产品文化性表现为它能从文字,绘画,诗歌,传说等文学语言里提炼出文化符号并加以运用,同时还能表现出特定时段与区域内人们多样化的内心情感。这种情感表达了人们在物质或精神层面的美好向往,从而产生了独特的审美意识形态。

文创产品的设计需要对文化资源进行深度挖掘,充分挖掘各类文化元素并融入产品设计之中,从而展现出丰富的文化内涵与独特的审美价值。这类文创产品既可以继承和发扬优秀传统文化,又可以结合现代审美观念,给消费者带来独特的文化体验与审美享受(见图2-2)。

图 2-2　文创的文化性

2. 市场性与实用性

1)市场性

文创产品市场性表现为其可以代表企业、城市或者国家形象,由企业品牌提升为城市甚至国家品牌。设计师打造文创产品时需充分考虑目标市场与消费者需求,才能保证产品拥有更高市场吸引力与竞争力。例如,城市旅游纪念品应以反映城市特有的主题为主,表现城市文化交流和交融,将城市特有的文化和魅力传播给世人,同时也要突出城市在中国文明发展史、国际视野、包容性等方面所扮演的重要角色和占据的重要地位。

旅游纪念品顾名思义即是游客在旅游过程中购买的,精巧便携、富有地域特色和民族特色的工艺品礼品,并让人铭记于心。有人将旅游纪念品比喻为一个城市的名片,这张名片典雅华丽,有极高的收藏与鉴赏价值。

为增强文创产品市场性,设计师可通过塑造独特品牌形象、将地域文化特点与消费者审美需求相结合等方式来创造出有个性、有特点的文创产品。此类文创产品既能提升大众审美品位,又能满足消费者对个性化、独特性、文化价值等方面的追求,使其在激烈的市场竞争中崭露头角(见图2-3)。

2)实用性

文创产品最重要的价值是它所具有的丰富生活性,浓缩了文化精髓。在中国传统企业转型升级的大背景下,文创产业在全国范围内兴起。文创产品作为一种充满感性认识的商品,需要从设计、功能等方面考虑其实用性并引起消费者情感共鸣,才能推动其购买行为的完成。为了达到这一目的,文创产品既要有特殊

图 2-3　地域文化与纪念品

的艺术与设计价值又要有实际应用价值。这就决定了文创产品要既能满足顾客审美需求,又能方便顾客日常生活。文创产品通过文化元素和实用功能的结合,可以在继承和弘扬文化的基础上满足消费者的现实需求,赢得市场的认同和热爱(见图 2-4)。

图 2-4　文创杯子的实用性

3. 工艺性与地域性

1)工艺性

文创产品具有工艺性,这是文创产品独特价值的一个重要表现。在文创产品设计中,要从消费者需求入手,以人为中心,全面满足消费者多方面需求。其中包括发掘产品的潜在功能,利用新材料、新方法、新技术等降低产品成本,提高产品质量,增强竞争力。

从工艺性上看,文创产品要突出创新思维、创新设计方法以及创新材料应用。这就决定了设计师在设计的过程中要不断地创新思考和探索多种可能,以继承传统工艺和融入现代技术。这种创新尝试会让文创产品更具工艺价值与艺术性,进而在市场中崭露头角,给消费者一种独特的文化体验。

以景泰蓝这一中国传统工艺品为例,景泰蓝作为中国传统铜鎏金工艺品,有着独特的文化内涵与工艺美学价值。设计师可以传统技艺为基础,利用现代设计理念及手法,结合景泰蓝及当代审美需求,打造出集创新性、实用性和工艺性于一体的文创产品,如图2-5和图2-6所示。

图2-5　景泰蓝双兽耳瓶　　　　　图2-6　景泰蓝三足鼎式炉

设计师可把景泰蓝工艺应用于日常生活用品,比如茶具,餐具和首饰盒。通过景泰蓝纹样与色彩的再诠释及产品形状与功能的创新设计,这些文创产品不仅能保留景泰蓝传统工艺中的精华,还能满足现代消费者的美学与实用需求(见图2-7)。

图2-7　景泰蓝的运用

2)地域性

在进行文化创意产品设计时,设计师们越来越重视对地域特色文化的发掘与继承,以此来促进产品人文价值与情感心理关怀的实现。他们注重不同地区的生活环境及生活方式,力求从产品形式、功能和意义上密切结合本地文化情感,以引起消费者良好的感情和购买欲望。

地域性文创产品可以突出地区文化特色,使顾客在接触、使用这类产品时感受地域特色文化所带来的特殊魅力。比如设计师可通过在产品设计时加入某一个地方的历史故事、民间传说、风俗习惯、地理风貌等要素,让产品既有实用价值,又有浓郁的地域文化氛围。

这类文创产品既有利于地域特色文化的传承与传播,又能够给消费者带去愉快的情感体验并满足他们对产品个性化、特色化的追求。在全球化潮流中,地域性文创产品还能彰显一个区域的文化自信与独特魅力,引起更多人的关注与赞赏(见图 2-8 和图 2-9)。

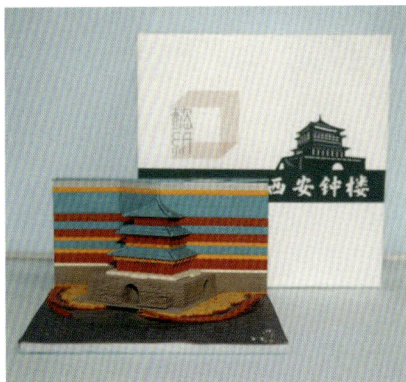

图 2-8　西安钟楼纸模

图 2-9　蒙古包样式瓷杯

2.2
文创产品的分类

书中我们学习文创产品是以艺术设计专业设计实践为主,对文创产品的分类也多是从艺术设计方面考虑。这一分类方式有利于对不同种类的文创产品进行更加深刻的理解,从而给设计师及相关从业人员带来更加宝贵的借鉴与启发。

1. 以衍生分类的文创设计

1)旅游纪念文创

文化旅游产品是指以自然风光、名胜古迹等旅游资源为支撑,以娱乐休闲为目的,以文化感受与精神消费需求为核心的旅游活动产品系列。这类产品通过整合和创新各类旅游资源,给旅游者带来丰富多彩的文化体验。旅游纪念品是指能反映某一地域文化、历史、民俗或者自然风光等特征的实物产品。这类产品一般都是游客旅游途中所购纪念品,用来记录与传递自己旅游途中的美好记忆与独特经历。从狭义上讲,旅游纪念品可包括手工艺品、地方特色小吃、艺术品、衣物饰品等,这些旅游纪念品不仅有观赏价值与实用性,而且有着极高的文化价值与情感寓意。

据国家统计局统计,中国国内旅游市场游客人数近年来总体稳步增长,这一增长趋势折射出中国旅游业的繁荣与发展,同时也折射出人们对休闲、对地域文化探索与体验的殷切诉求。在此背景之下,旅游纪念品市场得到了快速拓展,给消费者带来了更多、更多元的选择空间。旅游纪念文创见图2-10。

图 2-10　旅游纪念文创

2)娱乐艺术文创

娱乐艺术文创是在原始艺术品艺术价值、审美价值、经济价值以及精神价值基础上衍生出来的系列物品。尽管它们产生于艺术品自身,但是这些衍生品却一改原始艺术品自主性、个体性以及不可复制性的特征,将其转化为有审美价值、可以大量生产的普通艺术品。这些艺术衍生品通过形式多样、载体丰富的方式给消费者带来艺术体验,拉近消费者与艺术之间的距离,让他们更容易接触到,以此来满足人们对艺术的需求。

本书讨论的娱乐艺术文创主要指影视娱乐、艺术家作品、动漫IP等衍生出来的产品。此类产品一般都是通过玩具、服饰、家居用品等多种形式及载体,结合原有艺术、文化元素及现代设计理念,来满足顾客审美需求及个性化表达。娱乐艺术衍生品在丰富消费者生活的同时,也给相关行业带来巨大商业价值,促进文化产业迅猛发展。

中国动漫IP《哪吒之魔童降世》就是典型案例。该动画电影根据中国传统神话故事改编,描写哪吒的成长和挣扎。影片大获成功之后,派生了一系列娱乐艺术文创产品,比如哪吒形象玩具、服饰、周边配件等。这些产品把传统文化和现代设计结合起来,吸引着众多消费者,促进文化创意产业蓬勃发展(见图2-11)。

图 2-11　《哪吒之魔童降世》衍生文创

《西游记》是中国古典文学名著之一，该小说主要讲述了孙悟空出世，跟随菩提祖师学艺及大闹天宫后，遇见了唐僧、猪八戒、沙僧和白龙马，西行取经，一路上历经艰险、降妖除魔，终于到达西天，见到如来佛祖，经历了九九八十一难，最终五圣成真的故事。以《西游记》IP 为蓝本，衍生了很多文化产品（见图 2-12）。

图 2-12　《西游记》衍生文创

3）生活美学文创

生活美学文创就是以"美即生活"作为核心概念，注重美学向现实回归以及与日常生活相融合的产物。此类产品注重将日常经验融入审美过程中，目的是从感性层面上对美的情感进行深刻认识和剖析。生活美学文创以提高生活品质与审美体验的方式给消费者带来赏心悦目的生活体验与更高层次的精神满足。这类产品一般都是实用的、创新的、艺术性强的，使人能够在日常的生活中体会美。

"80 后"与"90 后"这些新生代群体受互联网与全球化的冲击，已经形成了一些有着独特消费观的群体。这些青年有反消费主义倾向，更强调个性化、环保简约的生活方式。他们热衷 DIY，追求环保主义的消费和简约的生活，在某种程度上孕育着生活美学。

这些新出现的消费观念反映出新一代消费者在追求美好生活的同时，也表现出其对环境、社会与个人价值的重视。其消费行为既影响着市场的走向,又给生活美学提供了丰厚的成长土壤。

中国传统生活美学文创应该更注重本土传统生活方式与创作方式,比如儒释道文化中的精华和各种特殊的艺术形式,如茶道、花道、香道等。这些传统文化元素反映了人与自然、人与人之间的和谐相处,以及人们对美好生活的追求和对精神价值的关注(见图2-13)。

图 2-13　茶道、香道文创

通过在生活美学文创当中融入传统文化元素,在满足现代消费者美好生活需要的前提下,能够继承与发扬中华民族优秀的传统文化,有利于提高产品文化价值,增强市场竞争力,也向世界展现了中国特有的文化魅力。

4)活动衍生文创

活动衍生文创,一般指专门用于举办展览、论坛、庆典、博览会、运动会的文创产品。此类产品纪念意义强,能让参与者带着对事件的美好记忆回到家中。但这类产品的时效性较短,一般在活动结束后就停止生产和销售。

由于由活动派生出来的文创产品往往与某一具体事件或者活动密切相关,因此设计师需充分理解活动产生的背景及特征,才能保证产品设计与活动主题相契合。与此同时,设计师要想增强商品的吸引力,就必须追求创新,在商品中融入地域特色与自己特有的艺术风格。如此,由活动派生出来的文创产品在满足消费者纪念需求的同时,也增加了相关事件的文化底蕴与价值。

活动衍生文创产品的一个典型案例就是2010年上海世博会。上海世博会作为一次大型国际性展览活动,其目的在于推动文化交流和合作。设计师为纪念这一盛会,创造出一大批符合世博会主题及精神的文创产品。

最具代表性的文创产品是吉祥物"海宝"(Haibao)。海宝的图像别具一格,它的图像灵感源自汉字"人",标志着人类对世博会的参与与重视。海宝形象运用在徽章、服装和玩偶等纪念品中,已成为世博会的标志(见图2-14)。

5)品牌衍生文创

品牌衍生文创以企业文化为基础,以品牌文化为载体进行创意,多应用于企业形象展示与充实、商务礼品赠送以及互联网话题营销。此类文创产品通过融合企业特色与概念,用独特的设计传递品牌精神与价值。品牌联名合作是当前企业之间互相提高知名度、扩大市场份额常见的合作方式。

这类品牌衍生的文创产品通常具有创意、艺术性与实用性等特征,给消费者带来别具一格的购物感受。企业通过这些文创产品不但可以更好地和消费者产生情感上的连接,而且可以提升品牌形象、扩大市场影

图 2-14　吉祥物"海宝"

响力,继而获得可持续发展。同时品牌间联名合作,有利于相互借力、共享资源、拓展市场、创造价值。

星巴克联合故宫博物院,是品牌衍生文创的成功案例。2018 年,星巴克和故宫博物院联合发布系列联名产品——限量版杯子和围巾——结合故宫文化元素和星巴克品牌,备受消费者热捧(见图 2-15)。

此次联名合作既提升了星巴克在中国市场的形象,也赋予故宫博物院新的商业价值。双方借助彼此的力量,共同创造品牌价值,达成市场双赢局面。如此成功的案例说明品牌衍生文创市场潜力巨大,有利于提升品牌形象,扩大市场份额,给消费者留下深刻印象。

2. 以材料与工艺分类的文创设计

所谓材料就是制造物品所使用的材料,包括自然界中现存的一切材料和人类为了满足需要所创造的一切人造物。材料作为组成产品最基本的要素,它不但决定了产品的特性、质量与外观,还极大地影响了产品价值与市场竞争力。

以材料与工艺对文创设计进行分类,主要从产品生产过程所用材料及工艺角度出发。不同材料与工艺常常使产品具有独特的性能与价值,以适应不同消费者对产品的要求。

在文创产品的设计上,对材质的应用研究多是从不同材质带给人的特殊情感体验入手的。通过对各类材质的性能、质感、观感等方面进行深入的研究与分析,设计师可以充分挖掘材质优势,从而创造出具有个性与艺术性的文创产品。

这一设计理念注重人在商品使用与观赏过程中的情感反应及商品是怎样引起消费者兴趣并满足消费者需要的。设计师需深刻认识各类材料,才能选择合适的材料,采用合适的工艺技术才能使产品达到功能与美学价值的完美融合。

1)陶瓷

陶瓷具有特殊的质地、光泽,可由不同工艺技术烧制成多种造型与样式。在文创产品的设计上,陶瓷通常被用来生产各种餐具、工艺品以及装饰品,兼具实用性与艺术价值。

陶瓷刚度大、强度高,以其为主材的文创产品表现优异且持久。用陶瓷材质制作的文创产品,既美观又

图 2-15　文创联名合作

可经受住日常使用过程中产生的磨损与腐蚀。

　　基于陶瓷这一特点,设计师在很多文创产品上都能巧妙应用,比如别具一格的餐具、精致的茶具、别致的装饰品以及地域特色浓郁的纪念品。这些以陶瓷为主材的文创产品既实用,又表现出了深厚的文化底蕴与独特审美魅力。这些陶瓷文创产品在传承传统工艺的同时也不断创新,得到了众多消费者的喜爱(见图2-16)。

　　2)金属

　　金属类材料在整个人类历史中占有举足轻重的地位。从青铜器时代、铁器时代直至近代轻金属时代,金属材料一直是人类文明进步中的主要支柱。这些金属材料不只是作为结构材料而存在,而且还有许多功能性用途。

　　金属材料因其坚固耐用而被广泛应用于文创产品设计。金属类文创产品一般呈现高质感、精致工艺以及优雅造型等特点,结合多种文化元素,展现出特有的魅力。

　　如铜制文房四宝、银雕工艺品、铁艺装饰物等,就是金属类文创产品中的典型代表。它们将传统工艺与现代设计相结合,传递着深厚的文化底蕴与高超的工艺。另外,金属材料也可以用来定制纪念品、制作各种首饰以及实用日用品,满足不同消费者的要求(见图2-17)。

图 2-16　陶瓷文创

图 2-17　金属文创

金属类材料被广泛应用于文创产品设计之中,极具价值,其独有的特性、美感与文化内涵使金属类文创产品拥有较强的市场吸引力与影响力。

3)布艺

布艺是在纺织品的基础上,经过刺绣、印染、织绣等工艺,把千姿百态的花纹、色彩及图案融入日常生活用品及装饰品之中,展现出浓郁的民族风情及特有的艺术魅力。

布艺类文创产品的设计与生产过程,注重材料质感、色彩与图案等方面的精致加工,让人有一种柔和、温暖、亲切的视觉感受。布艺类文创产品种类丰富,涉及服饰、家居用品、礼品和旅游纪念品,如丝巾、手工绣品、民族风格服饰配饰和绣球等,在文创产品中具有代表性。

伴随着消费者对生活品质追求的逐步提升,布艺类文创产品以丰富的艺术表现与温暖的审美情感日益得到市场的青睐。与此同时,布艺类文创产品也可以继承与发扬民间艺术,使传统工艺在现代生活中获得新的生命力,显示出独特的吸引力(见图2-18)。

图 2-18　布艺文创

4)竹木

竹木类文创产品的产生来自于人类对自然资源的充分利用与尊重。竹与木材是人类最早挖掘并加以利用的原料,因其易于加工、可再生及环保等特点而成为生产的理想原料。

竹木类文创产品是以竹及各类木材作为基础原料,经过高超的手工技艺与机械加工塑造而成的,各类具有艺术性与实用性的产品。这类产品既有自然之美,又有古朴之韵,更有温馨之感,给人一种独特的审美体验。

在木材品类文创产品设计中,设计师要注意多维度思考,这有利于发掘木材材质的丰富性与多样性,进而打造更有创意与特色的文创产品。

一是木材类型。木材可分为硬木和软木、实木和人造板,不同类型的木材有其不同的性能与优点,设计师可依据产品使用目的、功能及设计风格等因素选择适合的木材类型。

二是木材产地、生长环境。如一些地区的木材由于气候及土壤条件特殊而具有特殊的纹理、色泽及质感,设计师可借助这些特性,赋予产品地域文化内涵与故事。

三是木材加工工艺。不同的加工工艺呈现出不同的视觉效果和质感,设计师可依据产品主题及审美要求选择合适的加工工艺,以彰显木材的美学魅力。

四是木材的环保性和可持续性。设计师选用木材时应注意木材来源合法与否、木材生态环保性能优良与否,才能保证文创产品绿色环保、可持续发展。

考虑到这几个方面,设计师就能够充分发掘木材材质所蕴含的潜能,赋予文创产品以独特魅力与价值。

竹木文创如图 2-19 所示。

图 2-19　竹木文创

5)塑料

塑料这一新型材料从二十世纪初开始被开发并很快在全球范围内得到了广泛应用。

塑料轻巧、易加工、成本低廉和可塑性强的特性使其在文创产品设计中发挥着举足轻重的作用。塑料材料有很多种,比如聚乙烯、聚丙烯、聚氯乙烯等,这几种不同的塑料都有其自身的特性以及适用领域。

设计师利用塑料进行文创产品的创作,需全面了解各类塑料材料的特性、加工工艺以及环保性能等,根据设计需求、功能设计及期望使用场景,选择适合的塑料种类。

设计师也需要重视塑料制品对环境的影响,尽可能选用可回收、可降解或者对环境友好的塑料材料来减少塑料污染带来的危害,积极倡导绿色环保的设计理念。

综上所述,塑料这一现代化材料在文创产品设计中有着广泛应用。设计师在注重环保问题的前提下,需充分发挥塑料材料优势,给消费者带来优美、实用的文创产品(见图 2-20)。

图 2-20　塑料文创

6）玻璃

类似于陶瓷,玻璃属于脆性材料,但是它透明、滑爽的性质赋予了它特殊的美,它的用途也很广。

玻璃历史最早可追溯到古埃及时期,历经几千年,如今已经成为工业与生活的重要材料。在文创产品设计上,玻璃以其特有的视觉效果与艺术性,通过刻画、彩绘、熔融等技法可展现出丰富的颜色与造型。

玻璃材料有很多种,有普通玻璃、钢化玻璃、有色玻璃等,这些不同的玻璃都有其特点及适用领域。设计师利用玻璃进行文创产品的创作,需全面了解各类玻璃材料的特性、加工工艺及安全性等,才能给消费者带来独特而有保障的作品。

由于玻璃脆性较大,设计师还需注意产品的包装和运输过程,以保证产品在运输和使用过程中的完整性。同时可考虑以玻璃等材料组合打造多元化特色文创产品,以适应不同消费者需求。

综上所述,玻璃这一具有独特美感且应用广泛的物质在文创产品设计中发挥着举足轻重的作用。设计师需充分发挥玻璃材料特色,打造美观、实用的文创产品(见图2-21)。

图2-21　玻璃文创

7）泥塑

泥塑又称"彩塑",是中国传统民间艺术中具有悠久历史和广泛传播的艺术形式。

泥塑艺术最早产生于远古时期,它的制作工艺主要有取材、捏制和上色几个环节。泥塑作品一般都是以黏土作为基本原料,通过艺术家们高超的工艺与丰富的想象力来塑造各种不同形态的人、兽及神话传说中的形象。在上色方面,作品一般都会涂上色彩斑斓的颜料,这样更具有生动感、视觉冲击力。

泥塑艺术在中国各地都有不同的风格和特点,如山西泥塑、湖南泥塑、四川泥塑等。这些别具一格的泥塑艺术形式既显示出当地民间艺术特有的魅力,又继承了中华民族优秀的文化传统。

就文创产品设计而言,泥塑制作方法与材料特性赋予了泥塑丰富的表现力与独特的艺术价值。设计师可借鉴传统泥塑艺术,融入现代审美观念与生活场景,创作出既有传统文化底蕴,又能满足现代消费者要求的文创产品。(见图2-22)

泥塑这一充满中国特色的艺术形式对文创产品设计有很大的参考价值。设计师要充分利用泥塑这一

图 2-22 泥塑文创

特性,打造出具有独特风格的文创产品。

8)皮革

在此,我们主要讨论天然皮革,也就是通常所说的真皮。天然皮革是由动物皮肤衍生而来,经加工处理而成,其强度好、柔软度高、透气性好,在多种制品中得到广泛使用。

在进行文创产品设计时,皮革可以被用作优质的原料。设计师可借助皮革天然的质地、纹理与触感来创造风格独特,文化内涵丰富的作品。如用皮革制成的笔记本、钱包、手套等,既有实用性,又表现出精致的工艺和浓厚的文化气息(见图 2-23)。

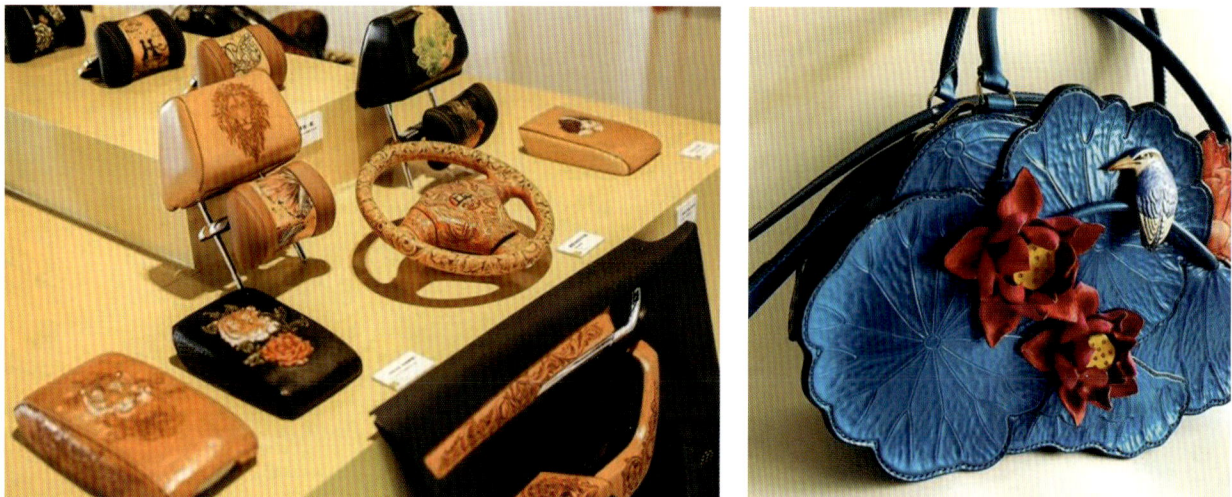

图 2-23　皮革文创

皮革这一有着丰富历史与文化底蕴的物质在文创产品设计方面有着极高的应用价值。设计师需充分发掘皮革潜能，打造兼具美观与实用之文创产品，以迎合市场与消费者。

3.以市场定位分类的文创设计

1）消耗类文创

消耗类文创产品顾名思义，就是能够在比较短的时间内由消费者消耗掉而不宜长时间存放的文创商品。这种产品一般都有一定的期限或一次使用即耗光，它们以新颖独特、富有创造性为主要特征，在满足消费者实用性需求的前提下，消费频率高、重复购买率高。

消耗类文创产品范围颇广，常见的有地方特产、农副产品、美食小吃和日常用品。例如某一个区域内的特色食品或者饮料因为具有特殊的味道以及地方特色而常常成为人们出行购物时的第一选择；或某一种具有创造性的日常用品，如文具、清洁用品等，因其实用性强、设计独特而受到消费者的青睐。

就拿地方特产和农副产品来说吧，这种产品通常都包含着很深的地方文化底蕴，比如某一个地方的特色糕点、手工艺品或特有农产品。它们既是消费品，又是文化载体，反映着当地历史、风土人情、工艺技术等。消费者在购买和使用这些产品的过程中，既能满足日常生活的需要，又能感受到当地文化的魅力，从而达到文化传承和推广的目的（见图 2-24）。

消耗类文创产品的市场表现普遍比较火爆。一方面是因为该类产品消费周期短、更替频率较高，所以市场需求量较大、商业价值较高；另一方面，消耗类文创产品常常能够满足消费者对新奇、独特、有趣等方面的要求，改善消费者的购物体验，使其能够在市场中占有一席之地。

2）收藏类文创

收藏类文创产品属于一种特殊文化创意产品，往往具有强烈的纪念性与象征意义，深刻地描绘着特定时代、地域或一定精神的印记。这些产品以其独特的设计、细腻的做工，常常是文化艺术的承载者，能够唤起人们深刻的情感共鸣与回忆。它们的价值不仅体现在实物本身上，还体现在其历史、文化、情感内涵上。

收藏类文创产品种类繁多，包括但不局限于艺术品、纪念章、纪念币、邮票、图书、音乐作品和电影作品。比如描绘古代历史事件的一幅画、缅怀重大历史事件的一个纪念章、介绍某一区域历史文化的一本书等，都有可能是收藏类文创产品。

图 2-24　消耗类文创

这些文创产品不仅具有艺术价值,还具有历史价值,是人们对历史、文化、艺术的尊重和热爱的体现(见图 2-25)。

图 2-25　收藏类文创

续图 2-25

设计和制作收藏类文创产品也面临着一些挑战。以博物馆为例，博物馆文创工作的功能与价值毋庸置疑，但列入"全国文创示范性博物馆"的文化文物单位在推进文创改革试点的实际工作中也困难重重：这不仅是在以博物馆现代化发展为背景下，对博物馆文创在功能特性、核心价值及未来发展方面存在的认识欠缺，也是对实际进行文创开发、经营与管理的具体路径存在的操作困惑；其中既存在博物馆行业的探索难点，也有现有体制下政策的瓶颈问题。

3）赠送类文创

赠送类文创产品一般被认为是传递具体信息、表达深意以及彰显赠送方身份与价值认同的主要载体。这类产品多为精工细制之作，融深刻的文化内涵与特殊的审美价值于一体，它既是一种实物，又是赠送者内心的承载，同时也是一种友谊、崇敬、感恩等感情的物质表达。

例如国礼作为国与国交流的重要媒介，往往会被仔细挑选来反映国家的文化特色，例如中国景泰蓝风格的文创和丝绸刺绣，均为中国特有的文化象征而为国际友人所钟爱、所珍爱。商务礼品中，则常常包含着企业文化，不仅能表现出企业品牌形象，还能反映出商业伙伴间的相互尊重和重视（见图 2-26）。

该类产品在设计、选择及赠送时，需综合考虑赠送方与接受方的文化背景、审美倾向、个人偏好等多方面因素才能达到最佳赠送效果。在生产此类产品时，通常讲究做工精细、设计独特、用料优良，从而体现出产品的高品质与独特价值。正因为如此，赠送类文创产品通常会给人一种细腻、大气、优雅之感。

与此同时，赠送类文创产品还是一种文化传播与沟通的手段，在赠送过程中不仅能够深化双方之间的情谊，还能促进文化之间的相互理解与尊重，加强文化交流与交融。所以，赠送类文创产品对于文化传播、人际关系建设和品牌形象塑造，均起到了不可忽视的作用。

图 2-26　赠送类文创

第三章

文化与艺术元素的运用

本章将论述文创产品设计对文化与艺术元素的应用。本章将从传统文化与艺术的挖掘与融合、当代艺术与设计理念的融合、文化元素的创新表达与运用等三个方面展开深入的分析,有助于设计师更深入地了解和把握这些要素对设计过程的意义。

首先要探讨的是怎样发掘和融合传统文化和艺术。设计师通过对历史悠久的文化传统和艺术形式的研究,从中汲取灵感,将这些元素融入现代设计中,使产品既具有传统文化底蕴,又符合当代人的审美需求。

接下来谈谈当代艺术和设计理念如何运用到文创产品设计当中。当代艺术与设计理念既能够给文创产品带来新生,也能够促使设计师们在进行创作时不断地尝试与革新,让产品变得更有吸引力与市场竞争力。

最后将探讨文化元素在文创产品设计中的创新性表现和运用。文创产品设计中,文化元素如何通过创新的形式表现出来,这是设计师们需要持续思考并加以践行的问题。通过创新应用文化元素,设计师能够使产品具有独特个性与魅力,使其更符合消费者需求。

3.1
传统文化与艺术的挖掘与整合

就传统文化而言,传统美学对于设计领域具有决定性作用。传统美学在强调审美价值的同时,也表现出对道德、哲学、历史以及社会价值观等方面的深刻认识。将传统美学应用到设计过程当中,可以赋予作品特殊的文化内涵与历史底蕴,让设计作品更具魅力与意义。

设计师通过对传统美学的应用,能够将悠久的历史、丰富的文化以及独特的审美理念融入现代设计当中。这一组合有利于给现代消费者带来更加深刻的审美体验,也使优秀传统文化得到继承与发展。

传统美学体现于设计可有很多途径,如引用古代图案、符号、色彩、形式等,也可参考古典艺术、建筑、文学作品等。设计师将这些要素巧妙地应用于设计中,能够使作品充满传统韵味与文化氛围,进而增强其文化意义与价值。

1. 儒家文化艺术

儒家文化强调"善"的价值观念,儒家文化美学主张美与善的统一,强调道德品质在审美中的核心地位。在儒家美学看来,真美不仅表现在外在形式上,还表现在内在道德品质上。所以,在儒家美学中,美与善是分不开的,形成了独特的审美观念。

就儒家美学而言,它注重人与自然的和谐相处,主张敬畏自然、顺应自然。同时强调人与人之间的关系要融洽,比如仁爱、礼节和孝道,提倡人在生活当中要关心别人、要有礼貌。这一注重内在品质的审美使儒家美学对中国古典艺术与文化产生了决定性影响。

现代设计也普遍采用儒家美学思想。很多设计师都借鉴儒家美学,创造了富有儒家文化意蕴的家居用品、艺术品和服饰。这些产品既符合现代审美需求,又继承了儒家美学精神内涵,给人们以追求内心美的生活方式和道德修养。

围棋是起源于中国的一种古老的策略游戏。围棋既是充满智慧和谋略的比赛,也是儒家美学理念的集中体现。围棋棋盘中,黑白交织的棋子是阴阳平衡的标志,反映出儒家所讲求的和合。棋盘上的点状交叉,简洁有序,显示出儒家美学自然、简约的设计风格(见图3-1)。

图3-1　围棋

　　围棋的玩法及规则,亦反映出儒家美学之实用性及功能性。通过策略与智慧,两方选手力争在棋盘中占得有利地形,既锻炼选手的思维能力,又培养其耐心与谦虚的品质。比赛时,选手们要尊敬对手,这反映出儒家美学道德观念。

　　近年来,围棋在文化创意产业中已占有一席之地。设计师结合围棋和当代艺术、设计理念,创造了多种创意围棋作品。比如一些设计师把围棋棋盘纳入家居装饰中,把围棋棋子作为一种独特艺术品来设计,甚至把围棋元素应用于服饰和家具中。这些文化创意产品既延续了围棋传统文化内涵,又赋予了围棋现代审美价值与实用性(见图3-2)。

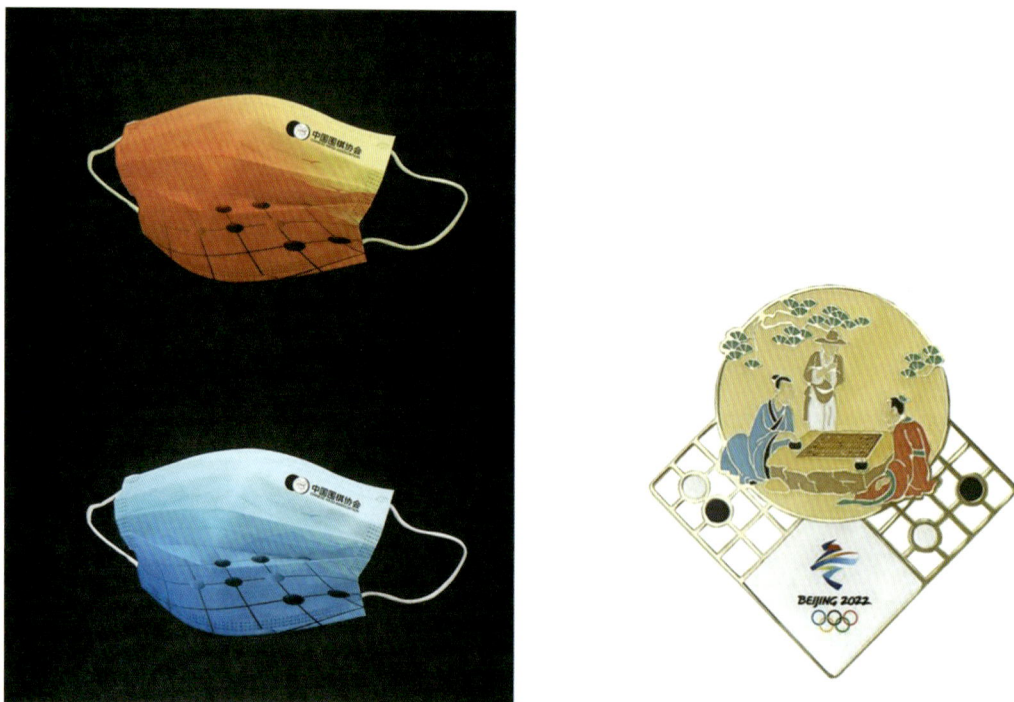

图3-2　围棋文创

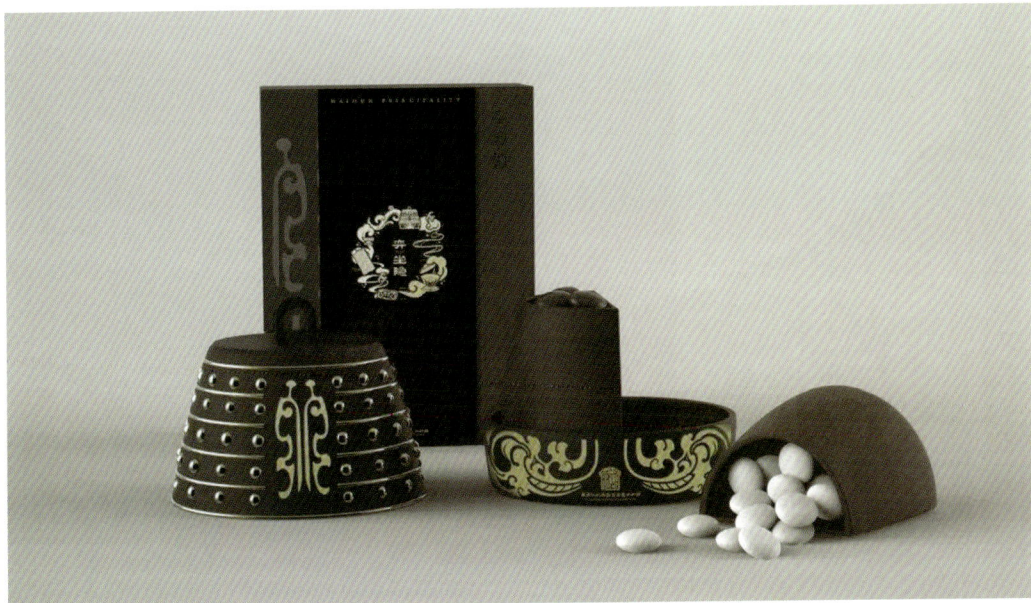

续图 3-2

2. 禅宗美学文化艺术

禅宗美学,是指受佛教禅宗的影响而形成的一种独特的美学思想。它崇尚朴素、自然与和谐,注重内在的培养与人生境界的体悟。禅宗美学所追求的是无为而治,无言地传达,由心灵深处意识到、体验到美。

禅宗美学是传统艺术的重要组成部分,诸如书法、绘画、园林、茶道等,无不受其影响。从这些艺术作品里可以窥见禅宗美学之朴素、自然与超然。如禅意书法用简洁的笔画、意韵幽远的构图和潇洒洒脱的格调,展示了禅宗美学的精神内涵。

禅宗美学这一思想在现代设计上也被广泛应用和发展。很多设计师都借鉴禅宗美学,创造了富有禅意的家居、陶瓷作品和时尚服饰。这些作品在满足现代人审美需求的同时,传承了禅宗美学的精髓,为人们提供了一种宁静致远、回归自然的生活方式(见图 3-3)。

3. 道家文化艺术

道家文化作为一种中国本土文化,道家美学对美的内在本质与美学精神有着深刻的揭示。道家美学重视天人合一、无为而治和顺其自然的哲学观念,提倡设计时追求自然之美、和谐均衡。

道家美学主张以自然为师,通过观察和理解自然界,把它的美感、生命力和和谐性质纳入设计之中。这一美学观念反映到设计上就是强调材料和造型的自然性、对细节精致高雅的追求、对色彩和线条协调统一的追求。

道家美学反映到设计上并不局限于视觉美感上,更重要的是人和环境之间的交互,是人们在使用产品时的内心感受。当代设计师以道家美学原则为指导,充分考虑到产品的实用性、舒适性、人性化等特点,可以创作出集美观与实用于一体的设计作品。

道家美学已被广泛应用于文化创意产品,例如八卦图案,它源于道家文化,是富有哲学内涵的纹样。八卦代表宇宙万物的变化和演变,在阴阳二气的基础上表现道家对自然及宇宙的认识。在文化创意产品的设

图 3-3　禅宗美学文创

计上,设计师巧妙地将八卦元素融入日常用品、饰品和家居装饰。比如八卦图案可出现于陶瓷茶具、服饰、墙饰画等制品中,不仅反映了道家美学哲学思想,而且显示出其特有的艺术风格(见图 3-4)。

　　八卦元素运用于文创产品设计,既能给现代生活带来特有的美感,又能继承与发扬道家文化,使消费者在领略美学的过程中感受道家文化的深邃。

4. 荆楚文化艺术

　　荆楚文化是上古时期南方艺术中富有浪漫激情与生命活力的优秀代表。悠久的荆楚文化承载了楚地地域文明所特有的性情与精神内涵。荆楚文化在审美取向、艺术形式等方面具有独特性,表现了楚地民众对美好生活的追求以及对自然界的敬畏之情。

　　荆楚文化从绘画到雕塑、从陶瓷到金属工艺,诸多领域均具有明显的艺术风格,显示出了对生活、对自然和对人文的极大关怀。该艺术风格具有线条流畅、形象生动、色彩绚丽等特点,注重生命力的表现及自然与人类的和谐共生(见图 3-5)。

图 3-4　八卦样式文创

图 3-5　荆楚文化元素

　　荆楚文化被当代设计所继承和发展,设计者从楚地历史、民俗和神话传说中吸取灵感,把荆楚文化精神融于现代设计,创造出具有浓郁地域文化特色和历史气息的作品,给现代人的生活带来独特的美感和文化价值(见图3-6)。

图 3-6　荆楚文创

　　概言之,传统美学之于设计的重要性表现为它继承与弘扬了优秀传统文化,丰富了现代审美体验。设计师应用传统美学,要注意在创新和传统之间找到一个平衡点,使其适应不同消费者的要求和偏好,从而使优秀传统文化能够在现代设计中重焕生机。

3.2
当代艺术与设计理念的融合

　　当代艺术与设计理念重视产品多元价值,突出功能性、趣味性、情境性、故事性以及高科技性。这些概念注重产品实际应用时的功效,而追求有情趣、有创意、符合现代消费者多样化需要的设计。情境性与故事性则表现为设计师将具体文化背景、场景与故事情节通过产品表现出来,让消费者在运用过程中产生情感共鸣与心理认同。另外,高科技性应用体现在把先进的技术融入设计之中,赋予产品智能化和便捷化特征,迎合了现代人们对技术生活的需求。简言之,当代艺术及设计理念注重在保留其功能性的前提下充分发掘商品的创意、情感及科技价值,来满足消费者的多元化需求及审美期待。

1. 功能性

　　功能性在考虑审美价值的前提下,突出产品的实用性与多功能性。在这一设计理念中,要求产品既要满足使用的基本要求,又要在众多功能中做到巧妙组合与兼顾,增加产品的实用性,以满足不同的场景与需求,进而给使用者带来更多的方便与舒适。另外,注重功能的设计也同样注重对产品审美的表达,试图在达到实用性的前提下营造一种独特的视觉效果与美学体验。简单地说,功能性设计在注重产品多功能、实用性的前提下,考虑到了它的审美价值,从而符合现代消费者对品质生活的需求。

　　在文创产品载体的选择方面,设计师一般都是从消费者需求入手,选择日常生活中普通而又实用的产品。这类设计策略是为了赋予这类器物以丰富的文化内涵并使之具有独特的艺术气息与审美价值。通过在日常用品中加入文化元素,设计师不仅可以刺激顾客的购买欲,同时也可以使顾客在使用时体会文化魅力,继而提高生活品质。该设计方法不仅彰显文创产品的创新性,更注重消费者实际需求的满足,将艺术和生活完美融合(见图 3-7)。

图 3-7　文创的功能性

2. 趣味性

趣味性对文创产品起着至关重要的作用,能给消费者以美感,快乐与愉悦的体验。这一共同作用能刺激人的积极情绪并使之感到愉悦。趣味性设计有利于缓解压力、激发求知欲、提高学习能力,继而提高生活品质。

在进行设计时,强调趣味性就意味着应该充分考虑到用户的体验,把好玩的因素融入产品当中,让产品在实用的基础之上更具有吸引力。这一设计策略在使文创产品变得更有韵味的同时,也有利于把文化传播到更广的范围内,使艺术和生活融合得更为自然,给人们的生活注入更多的精彩。

趣味性设计,在进行创作时,需充分考虑到目标人群对设计的要求与兴趣。设计师通过对不同年龄、性别、文化背景及兴趣爱好的群体的洞察,能够准确掌握消费者偏好,并为消费者定制出别具一格且趣味十足的文创产品。

为适应各类消费者需要,趣味性设计应重视多样性与创新。设计师可利用多种形式、颜色、图案及材料等,将现代审美观念与传统文化元素相结合,突破传统界限,打造出风格独特、韵味无穷的文创产品。这类设计既可以吸引更多的观众,又有利于文化的继承与传播,使生活中的艺术获得新生。

在文创产品设计中,趣味性的体现可以从以下四个方面来完善:

(1)日常生活用品的趣味:通过对常见商品的形状、材料、颜色等方面的创新与调整,给消费者以独特的审美体验与实用价值。设计师可利用幽默、怪异或文化内涵丰富的因素给产品注入新鲜活力。

(2)功能的趣味:设计师巧妙地把各种功能融合于一件产品之中,使消费者在使用时感到惊讶与快乐。这在保证了功能实用性与易用性的前提下,使得产品在满足用户需求的同时也有其特有的魅力。

(3)人机互动的趣味:在设计过程中关注产品的声音、触感、视觉和互动体验,通过优化交互设计使得产品更加契合人的生理需求与心理需求,给使用者带来一种舒适愉快的体验。

(4)产品的综合趣味:结合上述三个方面,设计师要将多元化趣味元素融入产品当中,以满足消费者不同角度的需求。这一综合性趣味设计不仅可以展现设计师的思想,还可以给消费者一种愉悦的情感体验。

坚持以人为中心是一切设计的核心概念,而这一原则又以大量的体验设计和情感设计作为其丰富的理论基础。人性化设计注重消费者的需求和体验,致力于为用户创造便捷、舒适、愉悦的使用过程。将人性化理念融入设计之中,全面理解并尊重使用者的生活习惯、偏好及情感需求等,从而达到设计与人类和谐相处的目的。简而言之,以人为本的设计理念是产品和服务成功的关键,它强调设计师在创新过程中始终关注用户的需求和体验,保证设计的实用性、审美性和人性化(见图3-8)。

3. 情境性

与实用性设计方法相比较,情境性设计方法以保持实用性为前提,重点在于塑造产品的"精神意境"。情境性设计主要研究产品在具体的情景、环境与语境中如何引起使用者的情感共鸣与审美体验。通过对用户需求、文化背景、社会习惯等方面的全面理解,设计师可以创造出充满情境感的作品,让产品更有吸引力,更有价值。情境性设计注重把产品同人们的情感、文化以及生活方式等紧密联系起来,并通过创造特殊的设计语境来使得产品更具有个性化以及故事性,进而提升用户体验以及产品价值。

此类产品中最具代表性的就是茶道、香道、花道产品等。茶道、香道、花道是中国传统文化茶艺、香艺、插花艺术的代表。它们浓缩着几千年的历史,包含着特殊的审美价值与精神内涵。茶道产品以茶具为中心,重视茶具的设计和生产,突出茶道文化的继承和创新;香道产品以香道为题材,注重香器的形状和材质,

图 3-8　文创的趣味性

反映香道气氛和情境;花道产品以花卉作为灵感来源,创造出富有艺术感与生活情趣的花器、花艺作品。它们不仅具有实用性,而且深刻传达了中国优秀传统文化的精神内涵,给现代人带来了丰富的情感体验和生活美学(见图 3-9)。

4. 故事性

故事性设计常被运用于文创产品中,它通过叙述吸引人的故事展示文创产品的文化内涵与特征。该设计方式能打动消费者心灵,激发消费者情感共鸣,便于消费者对产品传递出的价值观与文化底蕴进行了解与鉴赏。设计师通过结合产品及故事,可以打造出独一无二且让人过目不忘的文创产品来增加其吸引力及市场价值。在这一过程当中,设计师要对文化元素、人文情怀以及生活美学进行深度发掘,用充满创意与想象的手法将其融入产品设计当中,给消费者一种独特的视觉与心灵体验。

故事性设计需要设计师对产品背后丰富的文化内涵进行深度发掘,其中可包括特定产地独特魅力、非物质文化遗产、历史渊源、卓越工艺、严格的制造流程。另外,也可涉及非遗手工艺者或者设计师投入的特

图 3-9　茶艺、香艺和插花艺术文创

殊感受与想法。设计师将这些要素融入并展现到设计当中,可以将富有故事性与文化韵味的商品带给消费者,进而增加商品的附加价值与市场吸引力。同时,该方法有利于弘扬优秀传统文化并与现代审美结合起来,给消费者营造一种有深度、有个性的视觉体验和心灵体验(见图 3-10)。

5. 高科技性

技术发展速度之快让人瞠目结舌,我们在日常生活中也许并没有接触过最尖端的科技成果,但是创新形式的出现却常常与技术的发展及推广应用息息相关。科技进步给设计师带来了巨大的创造空间,也促使设计师不断地探索出新颖而独特的设计方法与表达方式。伴随着科技和生活的进一步结合,创新型文创产品渐渐成为人们生活当中的一个重要部分,带给消费者更多感官上的体验以及视觉上的享受。科技和艺术的完美融合无疑给文创产业带来了源源不断的生机和潜能(见图 3-11)。

图 3-10　文创产品的故事性设计

图 3-11　文创产品的高科技性设计

3.3
文化元素的创新表达与运用

　　文化元素其实就是文化中最本质的东西,这些东西都是在岁月中积淀下来的。时代在发展,社会在变革,文化元素在逐步革新与进化。在这一过程中,人们对优秀传统文化有了更多的了解与认识,与此同时在尊重与继承的前提下又赋予了这些文化元素以全新的内涵与价值。这一继承与创新结合的模式使文化元素能够在现代社会得到继承与发扬,并给人们带来更多绚丽多姿的精神食粮,又给文创产业发展带来持续创意灵感。

　　就拿"鱼"来说,中西方对鱼的认识有很大的不同。中国文化中鱼有着丰富的象征与美好寓意,它所代表的是富足、和谐与吉祥,在中国人的传统节庆、艺术创作与日常生活中,鱼的图像与含义根深蒂固。设计作品中鱼这一意象出现后,中国人会很自然地联想到这一抽象符号所承载的丰富内涵与特殊意义(见图 3-12)。与之相比,西方文化对鱼的认识或许更多集中在鱼类的实际属性与生态意义上,而非象征寓意。这种文化差异反映到艺术和设计上,给跨文化创作以丰富的灵感源泉。

图 3-12　"鱼"的文创设计

　　再比如说"龙",龙是中华文化的重要组成部分,是力量、尊严与智慧的象征。在中国神话、历史及艺术中,人们都认为龙是祥瑞之兆,它与兴旺、吉祥、幸福有着密切关联。所以,中国设计作品中常使用龙这一意象与要素来传达上述意蕴。比如在一个中国风文创产品的设计上,设计师或许能巧妙地将龙这个意象融入进去,比如龙纹丝巾、龙形书签或者笔筒。这些以龙元素为载体的文创产品,不仅审美价值较高,而且还蕴含着丰富的中华文化内涵与特征(见图 3-13)。消费者在购买和使用这些产品时,自然会想到龙所代表的吉祥寓意和悠久的中华文化传统。

图 3-13　"龙"的文创设计

　　祥云是中华文化中又一普遍而具有象征意义的元素。祥云被人们视为吉祥、平安、快乐的象征,中国传统艺术中常把祥云同神话传说中的人物紧密地联系起来,表达了人们对美好生活的向往和憧憬。在进行文创产品设计时,设计师可将祥云元素巧妙融入各类产品之中,例如云纹之扇、云朵造型的首饰盒或是祥云图案挂画。这些祥云元素文创产品,不仅有很高的审美价值,还传达着中华文化中的美好寓意(见图 3-14)。消费者在选购与使用这些祥云元素文创产品时会自然而然地联想到祥云所代表的吉祥如意、平平安安、幸福美满的寓意。与此同时,这类产品也有助于消费者对中国传统文化魅力的深刻认识与感受,进而提高其价值与吸引力。

图 3-14 "祥云"的文创设计

    在进行设计时,祥云元素的应用可采取多种表现形式,例如与当代审美相融合的简洁线条、与地方特色相融合的民间工艺,或者是祥云与当代流行元素相融合等,以此来适应不同消费者对祥云的审美要求和偏好。通过祥云元素的创新性表现和应用,设计师可以把传统文化融入现代生活中去,给消费者以独特的文化体验。

    简单地说,利用文化元素进行设计的作品可以传递出具体的文化内涵与价值,还能表现出创作者对文化传统与现代审美的一种独特认知。这一设计方法赋予文创产品以丰富的意义,将文创产品打造成富有魅力的艺术品与消费品。

第四章

文创产品设计构成要素
与创新原则

本章将对文创产品设计构成要素及创新原则进行深入探究。设计构成要素以文字、图形及色彩为主，它们共同组成产品视觉语言并在传递文化内涵及形式美感方面起着至关重要的作用。我们就来浅析一下如何利用这些要素来打造风格独特、表现力丰富的文创产品。

通过深入探究这些构成要素及创新原则，希望能给设计师以有益的引导与启发，让文创产品设计变得更丰富、更多元、更具市场竞争力。

4.1 文字、图形与色彩的运用

文创设计作为设计的一个重要部分，其文字、图形与色彩的应用既是设计概念表达的一种有效方式，也是使产品具有个性与特征的关键要素。文字是传达文化内涵、表达设计理念的有力手段；图形能以特殊的造型与线条传递信息，产生视觉冲击力；色彩可以刺激人的情感反应和提高设计的吸引力。在文创产品设计中，文字、图形与色彩的巧妙应用能够让作品更具美感、表现力与情感价值，带给消费者赏心悦目的审美体验与深厚的文化体悟。

1. 文字

文字对文创设计具有决定性的影响，与图形元素互为补充。文字既是一种信息载体，又能加强设计作品主题及情感的表达。

文字可以将设计作品中的立意与信息直接表达出来，让受众更加容易理解与接受。设计师通过字体、排版以及文本设计等手段的巧妙应用，能够达到高效传达信息、增强作品整体效果的目的。

文字在文创设计中起到了加强主题与感情的功能。通过文案创作、诗句引用或者名言佳句等方式，设计师能够赋予作品特殊的文化内涵与情感氛围，让作品更具有个性与韵味。

此外，文字还能够起到补充和丰富图形元素的作用。在有些情况下，单纯的图形元素也许很难充分表达设计作品中的含义，此时文字可作为一种辅助工具来帮助受众更加充分地了解作品(见图 4-1)。

图 4-1　文创设计中的文字设计

续图 4-1

文字的有效应用意味着设计理念与所要表现的主题都可以用文字明确展现,从而使得文创设计作品中的立意能够得到精准的传递。文字在文创产品中扮演着重要角色,能够给产品增加深度与内涵,也加强了与消费者的情感联系。

文字的使用不仅仅是选择恰当的字体、尺寸、排版等,更重要的是要思考怎样通过文案创作讲出精彩的故事来。这就要求设计师必须要有优秀的文字功底,并且要深入地了解目标受众。在进行文创产品设计时,对文字的应用需要设计师同时对图形与色彩元素进行巧妙融合,才能形成协调统一的视觉效果。

比如设计一张古诗词题材文创明信片时,设计者可选择一首经典的诗篇并巧妙地将诗句与插画结合,选择古典韵味十足的字体并对字体间距、行距进行适当处理,让文字和插画相辅相成。这样,设计师就可以向消费者传递古诗词的魅力与文化内涵,使人们不仅可以欣赏优美的明信片,还可以感受中华文化的深厚底蕴(见图 4-2)。

图 4-2　文创明信片

2. 图形

文创设计作品是以图形语言来传递信息的,带有一定的抽象性与表现力。这种抽象性使设计作品超越了语言与文化的限制,给不同语境下的受众带来了特殊的审美体验。

图形语言比文字更直观、更简明地表达信息,能快速抓住受众的眼球。与此同时,抽象的图形语言给设计师们带来了更加广阔的创作空间,使设计作品能从一个独特的角度与风格来表现主题。设计师通过巧妙地利用图形元素,能把繁杂的信息与情绪浓缩成一个简洁有力的视觉形象,从而使得作品更具有吸引力与感染力。

图形对于文创设计作品有着举足轻重的影响,能够有效塑造其意境与气氛。设计师通过对图形元素的精心选择和搭配,能够传达出独特的视觉语言和情感,从而创造出令人印象深刻的设计作品。同时图形的应用也丰富了作品的层次感与视觉张力,让文创设计更具有吸引力与感染力。

成功的文创设计作品除了可以提供卓越的视觉体验外,更重要的是可以准确传达信息,达到宣传目的。设计师应用图形元素时需充分考虑其造型、线条、色彩及排布,才能创作出既有视觉吸引力,又能够高效传达信息的作品。设计师通过图形元素的巧妙结合与运用,能够塑造独特的视觉风格,提高作品的辨识度与传播力,以达到目标受众对其的重视与认同(见图4-3)。

图 4-3　文创设计中的图形设计

3. 色彩

在文创设计当中,色彩有着巨大的视觉冲击力与表现力,能给人带来深层次的心理与情感上的影响。通过对色彩的巧妙应用,设计师可以赋予作品以丰富的意义和特殊的性格。

色彩能增强作品视觉效果和吸引受众眼球。通过鲜明的对比或者和谐统一的色彩组合,设计师能够增强作品视觉上的吸引力,让作品脱颖而出。在文创设计中,色彩具有表达情感、烘托气氛的功能。不同的颜色有不同的心理效应,例如暖色调代表着温暖、舒适,冷色调给人一种宁静、清爽之感。设计者可以根据作品的主题思想和情感需要,选择恰当的色彩搭配,为作品创造出独特的情感氛围。另外色彩可以增强作品结构与层次感,通过明暗对比以及渐变等色彩技巧的应用,设计师能够在加强作品立体感与空间感的前提下,突出重点,凸显主题元素。

色彩是设计能力中至关重要的因素,它的高级应用可以显著提高设计师整体设计水平并成为无形竞争优势。设计师通过深刻理解色彩并巧妙地应用色彩,能给作品以特殊的视觉效果并提高作品的表达力与感染力。

高级的色彩运用能够提升设计作品的市场价值,提升品牌形象。好的色彩搭配可以使产品或者设计作品具有更强的视觉吸引力,进而赢得更多消费者的关注与青睐。另外,色彩也能传递出品牌的概念与文化,给一个企业或者一个品牌塑造一个独一无二的形象。

就拿一个文创产品——插画式台历来说,如图 4-4 所示,该设计作品色彩的应用对整体效果起着至关重要的作用。设计师在每月插画中挑选符合本月特色的颜色,这种精巧的色彩搭配,不但使每页都有一种独特的美感,而且使整个台历从视觉上表现出四季变化的节奏。

图 4-4　插画式台历

此外,设计师还根据节日和特殊场合为插画添加了相应的色彩元素。这种设计使整本台历更具文化意味与时代气息,进而增强产品的市场价值与吸引力。

通过这一案例可以看出色彩对于文创产品设计的意义与影响。优秀的色彩搭配既可以给作品以优美的视觉效果,又可以提升作品的文化内涵与市场竞争力。

4.2
文创产品的创新原则

文创产品创新的原则,是设计师创作时所应坚持的系列指导方针。这些原则都是为了保证文创产品能适应市场需求、彰显独特个性、既美观又实用、注重环保可持续性。设计师遵循上述原则时,能较好地权衡各方面因素,创作出有广泛魅力的作品来。

1. 市场性原则

以市场经济机制为规范,文创产品需求与供给通过市场这一纽带紧密相连。消费者需求、行业趋势和竞争对手业绩共同作用于文创产品市场。设计师与制造商需时刻关注市场动态并对产品策略进行持续调整与优化,才能适应消费者需求的变化。这种市场导向思维,有利于保证文创产品在激烈的市场竞争中崭露头角并获得可持续发展。与此同时,文创产品还能够通过和市场进行有效互动来更好地传播文化价值和促进文化产业繁荣发展。

2. 差异性原则

差异化设计其实就是设计创新。设计师要想使其作品独具特点,就需要多角度地进行分析,强化评判并进行深度思考。其中包括灵敏地把握市场趋势,深入了解消费者需求,客观地评价竞争对手的作品,巧妙地应用设计元素。在这一过程中,设计师需善于参考并汲取前人经验,在敢于向传统挑战的前提下打造独特的文创产品。差异化设计有利于产品从激烈的市场竞争中脱颖而出并引起消费者关注,以获得较高市场份额与品牌价值。

从市场需求多样性与消费者行为差异性出发,可把包括全部已有与潜在客户在内的整体市场分为几个特点类似的消费者群体。该划分方法帮助设计师及企业更加深刻地理解各类消费者的要求、偏好及购买行为,以制订更具针对性的市场策略及产品设计方案。这种市场细分方法可以有效地增强商品的针对性与竞争力,以适应不同消费者群体个性化的需求,继而在竞争激烈的市场中脱颖而出并获得消费者信赖与支持。

3. 美观与实用原则

人对美的追求,渗透在生活的方方面面。美观大方而实用性强的产品,可以给人们的日常生活添彩、提高生活品质。设计时,强调产品外观美感与功能性,能使消费者使用时感到赏心悦目,满足消费者对于美好生活的渴望。这一审美追求并不只是表现在商品的外观设计中,同时也涉及商品的材料、质地和色彩搭配等诸多方面。集美观和实用性于一体,可以使文创产品更具有吸引力,符合消费者审美需求以及实际需要,给人们带来更加美好的生活体验。

美观大方的设计视觉上吸引人,使产品显得更加容易利用,进而提高利用的概率。消费者选择商品时,商品的外观美感常常成为最先引起其关注的要素。一个视觉效果突出的设计能引起消费者的好奇与兴趣,并促使其对产品进行试用。与此同时,美观大方的设计也会带给人一种赏心悦目的心理感觉,让产品在应用时更有魅力。所以,在进行创意设计时强调美观和实用性相结合,可以增强产品竞争力,迎合消费者多元需求,给消费者带来更高品质的使用体验(见图 4-5)。

图 4-5　文创的美观与实用设计

4.环保性原则

　　在进行产品设计时注重人与自然生态的平衡关系是关键。设计师要充分考虑环境效益并贯穿于设计过程中的各个决策环节。其含义是选择可持续材料,减少能源消耗和废弃物的生成,并提高产品全生命周期中资源的利用率。同时绿色设计也强调保护生物多样性,尽可能避免给生态系统带来不利影响。这一面向环保的设计理念既有利于缓解地球的压力,又能够满足消费者越来越高的环保产品要求。通过在设计中加入环保理念,设计师才能打造出更加具有可持续性、更加符合人类与自然和谐相处的产品,才能为将来的地球及子孙后代营造更好的居住环境。

第五章
非遗文创产品设计

本章将对非遗文创产品的设计这一课题进行深入讨论。非物质文化遗产即非遗,它是体现人类文化多样性与世界文化传承水平的重要载体。伴随着现代社会的不断发展,文创越来越受到诸多领域的重视与关注,特别是在产品设计当中,文创元素的应用已成为独具特色的创新之路。

这一章将主要从以下三个方面进行论述:首先,我们将对非物质文化遗产的理念及价值进行介绍,从而更好地认识非遗文化的内涵及意义;其次,将结合具体案例对文创产品中非遗元素的应用进行剖析,以探索非遗文化资源与创意设计的有效结合;最后,将对非遗文创产品的设计策略及方法进行讨论,并对设计师们提出实践性指导及意见。

希望这一章的讲解,有助于读者对非遗文创产品设计思路与做法有更加深刻的认识,进而给文化产业发展带来新的生机与创意。

5.1
非物质文化遗产的概念与价值

1. 非物质文化遗产的概念

非物质文化遗产又称"无形文化遗产",它是人类社会在漫长的历史发展进程中所创造、继承和世代相传的文化表现形式与文化实践活动。它不同于物质文化遗产(比如建筑、遗址、艺术品),而是一种以活动和表演等形式存在的文化现象。

2003 年,联合国教科文组织(UNESCO)通过的《保护非物质文化遗产公约》对非物质文化遗产作了界定,主要包括以下五个方面:

(1)口头传统和表述,包括作为非物质文化遗产媒介的语言;

(2)表演艺术(如传统音乐、舞蹈和戏剧);

(3)社会实践、仪式和节庆活动;

(4)与自然和宇宙相关的知识和实践;

(5)传统手工艺技能。

中国非物质文化遗产示例见图 5-1。

非物质文化遗产作为人类文化多样性的一种重要体现,对社区、群体与个体的文化认同感,社会凝聚力及可持续发展都有着十分重要的意义。

2. 非物质文化遗产的价值

非物质文化遗产的价值体现在以下几个方面:

(1)历时性基本价值,包括非物质文化遗产的历史价值、文化价值、精神价值。

(2)共时性基本价值,包括非物质文化遗产的科学价值、社会价值、审美价值。

(3)重要时代价值,指在当今后工业社会、信息社会、消费社会的时代背景下,其重要性越来越显著的非物质文化遗产的教育价值、经济价值。

因此,非物质文化遗产的保护和传承是一项重要的文化工作,也是社会发展的重要任务。

图 5-1　中国非物质文化遗产

5.2
非遗元素在文创产品中的运用案例分析

1. 非遗元素与文创产品

非物质文化遗产与文创产品之间存在着紧密联系。非物质文化遗产作为无形文化资源，蕴藏着大量文化信息与价值,而文创产品则是注重创新、注重文化、注重设计、注重市场的新产品。非物质文化遗产所提供的丰富文化元素与灵感来源能够被设计师创新设计并转化成兼具艺术美感与实用价值的文创产品。

非物质文化遗产保护还需文创产品介入。把非物质文化遗产纳入文创产品设计之中,不仅能够向更多人群传播这些非物质文化遗产所蕴含的文化价值与艺术魅力,还能对非物质文化遗产进行现代化转化与创新发展,让非物质文化遗产能够在全新的形态与环境下得以传承与延续。

2. 非遗元素在文创产品中的运用案例

1)京剧脸谱

京剧脸谱是中国非物质文化遗产的一部分,它以鲜明的色彩和突出的形象来表现人物的性格和身份(见图 5-2)。

图 5-2 京剧脸谱

近年来京剧脸谱已广泛应用在各类文创产品上,例如 T 恤、饰品、笔记本、手提袋、陶瓷器皿等。这些产品把传统京剧脸谱和现代设计元素结合起来,不仅保持了京剧脸谱传统文化内涵,而且赋予其全新的艺术生命与商业价值(见图 5-3)。

比如某文创品牌发布一款采用京剧脸谱作为设计要素的 T 恤,在 T 恤正面印上色彩亮丽的京剧脸谱,不仅彰显了中国传统文化韵味,也契合现代年轻人的审美趣味。

图 5-3　京剧脸谱文创

2)剪纸

还有一个吸引人将非遗元素应用于文创产品的例子,那就是中国剪纸艺术。

剪纸在我国非物质文化遗产中占有举足轻重的地位,它以精细、独特的工艺以及充满象征意义的纹样著称于世(见图5-4)。许多文创产品巧妙融合剪纸元素,生成了新颖醒目的剪纸设计。

图 5-4　中国剪纸艺术

比如一家文创公司就推出系列手机壳,剪纸是其设计要素。这些手机壳上面的剪纸图案不一,有的是象征着吉祥如意,比如蝙蝠或者福字;有的是描写节日或者活动的场面,比如春节、秧歌等。这些手机壳既表现出剪纸艺术之美,又有其独特的个性与文化内涵(见图5-5)。

这些采用剪纸作为设计要素的手机壳一上市便引起广大消费者特别是年轻人以及喜爱中国传统文化者的热捧。

3)蓝印花布艺术

中国蓝印花布艺术在文创产品设计上亦有着丰富运用。

图 5-5　剪纸艺术文创

　　蓝印花布作为我国传统手工艺之一,在江苏、浙江等地多有传承,民间特色浓郁,文化内涵丰富(见图 5-6)。近年来,蓝印花布以其鲜明的中国风格与自然美感在各种文创产品设计上得到了广泛的应用。

图 5-6　蓝印花布

比如某知名时尚品牌就推出蓝印花布图案系列服饰及饰品,其中包括首饰盒、日历和胶带,均采用蓝印花布作为主要设计元素并融合鸟类和花卉等天然图案,表现出强烈的中国传统审美。这些设计不仅保持蓝印花布原有风格,还能满足现代消费者的审美需求(见图5-7)。

图5-7　蓝印花布文创

　　这些实例充分证明了将非遗元素应用于文创产品设计既能继承与弘扬优秀传统文化,又能创造出新商业价值。

5.3
非遗文创产品设计的策略与方法

1.非遗文创产品设计的优势

(1)非遗既是人类历史文化中珍贵的记忆,也是深深扎根于我们内心的文化情感与集体记忆。这些富有特色的非遗元素之所以被认为价值连城,是因为它们代表着我们的来源、历史与认同。正因为有了这深厚的情感共鸣,才使得非遗对广大观众群体产生了广泛影响与吸引力。将非遗元素融入文化创意产品当中,能够有效激发人们对文化的感受,还有利于其传承与发展。

(2)非遗传承与创新既是对我国深厚文化底蕴的尊重与传承,又是对文化资源的高效利用与开发。一方面,非遗的继承与创新有利于我国优秀文化的发扬与传播,让更多的人认识并熟知自己国家的传统文化。另一方面,非遗的继承与创新往往能够得到政府强有力的扶持与支持,不仅能够给相关产业带来财政与政策扶持,而且有利于提高社会对非遗价值的认知与了解。所以说,对其进行继承和创新有着深刻的社会价值及意义。

(3)非遗产业以其独有的原创性和原生性,赋予产品无与伦比的文化价值和深度。通过对工艺进行现代化、产业化处理,可将无形元素广泛应用于各种产品之中,使得这些文化内涵丰富的产品更加便于大规模生产与市场推广。与此同时,这一产业化、市场化过程还能有效提升非遗产业经济效益,使传统文化传承同现代经济发展有效融合。这样既有利于继承传统文化,又有助于社会经济发展。

2.非遗文创产品设计的策略与方法

非遗文创产品设计的策略与方法如下:

设计师在尊重和保留原作品元素形式感的前提下,有必要将其融入当代时尚主题中。这一策略需要设计师对非遗元素的核心精神与形式特征有深刻的认识。该设计方法不仅保留非遗元素传统文化特征,还为产品现代化注入审美元素,使其更具有吸引力(见图5-8)。

图 5-8 非遗元素文创产品

将非遗元素与现代设计元素创新融合。这就要求设计师必须具备高度的设计技巧以及浓厚的文化底蕴,能结合传统非遗元素以及现代设计语言,打造出富有时代感且不失传统韵味的文创作品。该策略旨在通过跨界融合,实现传统文化与现代设计的有机结合,既保留非遗元素的独特性,又赋予其新的生命力和市场竞争力(见图5-9)。

图 5-9　非遗元素的现代化设计

另外,文创产品的开发和推广也需要运用到一些创新的营销策略。比如,可借助整合营销带动创意,借助消费者热议吸引大众关注商品,也可借助网络众筹推动商品研发与生产。这些多侧面创意驱动模式不仅可以增强产品在市场中的竞争力,而且有利于传播与弘扬传统非遗文化。

第六章
文创产品创作程序

6.1
文创产品设计的前期准备

文创产品设计前的准备工作涉及一系列关键的环节，对产品设计与开发具有明确的导向作用。首先，问题的提出。产品定位非常关键，决定着其目标市场、用户群体及产品所应具备的属性与作用。其次，头脑风暴环节。头脑风暴是创新之源，鼓励团队成员畅所欲言，一起探索产品可能。紧接着明确设计理念，以保证产品设计与初衷及目标相一致，并对整个设计过程进行定位。最后，确定设计载体。这一步为具象化设计理念的关键步骤，涉及产品实际形式、所用材料以及制作工艺。这几个环节共同组成文创产品设计前的准备工作，也为之后的设计与生产活动提供依据。

1. 文创产品的定位

文创产品定位并非仅指产品在将来潜在客户心中的地位，其深层意义在于对产品市场角色与形象进行定位。产品定位不仅要求兼顾市场需求、竞争态势与目标消费者预期，还应体现产品本身的属性与价值。将市场研究、品牌策略与产品特性相融合，旨在塑造潜在顾客头脑中清晰、独特、有吸引力的产品形象。唯有如此，文创产品才有可能在竞争激烈的市场上脱颖而出并获得消费者喜爱。

文创产品设计定位既是文创造型设计开展的前提与基础，也对文创产品开发设计全过程具有重要影响。它指引设计方向与目标，给设计师清晰的设计路线图。这一定位要求对市场需求、消费者行为及产品特性有全面了解，使得设计方案能正确体现产品独特的价值，满足目标市场及消费者期望。设计定位清晰了，文创产品就能较好地凸显自身的独特性，也就能更加高效地迎合消费者的要求与期望，进而在竞争激烈的市场中占据先机。

1）文创产品使用人群定位

在文创产品开发设计过程当中，确定产品目标用户群是第一步。这就要求必须清楚地了解并定位使用者的个人特征，如性别、年龄、收入。其中既有其基本人口统计学特征，也有其生活方式、消费习惯和价值观方面的深层信息。这些资料有助于我们更加精确地了解目标用户的要求与预期，以便设计出更加符合用户要求的产品。只有深入了解了目标用户，才能够打造出真正满足用户需求与偏好的文创产品，让产品成为市场上的佼佼者。

就拿设计一个定位于年轻人的文创书包来说，首先要清楚了解目标用户群体基本情况，如年龄范围、性别比例和收入水平。接下来，我们再进一步探究他们的生活方式和消费习惯，也许会发现他们热衷于追求个性化和创新性，喜欢富有设计感和艺术气息的产品。

因此，在设计这款书包时，我们不仅要保证其基本的实用性，比如足够的空间、舒适的背负感觉，还要注重其外观设计，也许运用了年轻人所喜爱的某些元素，比如潮流图案、亮丽的颜色，或某些别出心裁的图案等。与此同时，我们还要思考如何从价格上达到目标用户群体的期望，既不要太高而使目标用户群体却步，也不要太低而影响到产品的品质与设计感（见图6-1）。

图 6-1　故宫文创书包

还有一些例子,比如故宫文创中的一套口红,定位主要是女性;而胶带的主要客户群体是学生或者手账爱好者(见图6-2)。

图 6-2　口红、胶带文创产品

2)文创产品价格区间定位

在目前的消费环境中,多数消费者都会更加理智谨慎地选择商品。他们所寻求的不只是物质的满足,还想获得超值的感受,而这一感受包含着商品的实用性、设计感和给自己带来的情感共鸣等。文创产品就是在这一语境中备受青睐。文创产品因其特有的创意与情感价值而创造出更多的附加价值,以使消费者乐于为文创产品付出更多。

价格定位的重要性不可忽视。价格不仅关系着产品在市场上的竞争力,而且还直接影响着品牌的形象以及消费者的购买决策。所以,在定价中既要考虑产品制造成本,市场环境等,又要充分考虑消费者心理预期及接受程度。原则就是让消费者购买文创产品的时候觉得所买的产品很有价值甚至比自己想象中的价值还要高。

3)文创产品功能方向定位

功能定位作为文创产品设计的关键环节,是指以对目标市场的认知为前提,以市场定位为导向,根据目标消费者的需求特点进行定位,并对产品自身的特征进行分析,阐明产品应该具有的作用与属性。

通俗地讲,功能定位是指对产品主要功能及其在市场上的独特地位的界定。这就要求我们必须对目标消费者的需求与习惯进行深入调研,了解其痛点与期望,才能设计出满足使用者需求且具有独特价值的文创产品。

功能定位还需要考虑产品的可实现性和可行性。它要求对产品技术特性有一个深刻的认识,并对其优势与潜力进行分析,从而保证产品设计的功能能在实践中得到实现。

文创产品功能定位不是一般意义上的定位,它必须适应消费市场的具体需要。它是指设计者有必要了解和注意消费者在目标市场上的特定需求与预期,以便清楚地了解产品应该提供何种具体功能或性能。

这一进程要求进行深入细致的市场调研与用户研究。首先,设计者有必要对目标消费者行为模式、消费习惯、文化背景和生活方式进行理解与分析,以揭示其真正的需求与期待。其次,设计者需深入了解并把握产品自身的技术特性、优势与潜力,以决定其能够实现什么功能并达到什么要求,如遮阳伞、靠枕等(见图6-3)。

从整体上看,功能定位属于系统性工作,要求设计者必须深入调查市场、了解用户需求、把握产品技术,通过综合分析判断明确产品功能及定位,并在此基础上进行后续的产品设计开发。

图 6-3 遮阳伞、靠枕文创产品

2. 文创产品开发与头脑风暴

头脑风暴法又称智力激励法,它是文创产品设计中普遍采用的创意发散法。其目的是通过集体、自由和不受限制的思考与讨论来启发大量创新想法与方案。

在头脑风暴的过程中,鼓励参与者提出任何想法,不管这些想法是否现实、合理,甚至有点疯狂。这是由于现阶段的目的并不在于寻求完美答案,而在于尽量扩大思维的广度,站在不同视角、不同层面思考问题,发掘常规思维模式中可能被忽略的创新点。

头脑风暴过程,也有逐渐深入的阶段。最初,它也许仅仅是围绕着某个核心问题或者话题自由发散地思考问题。随着论述的不断深入,可将思路循序渐进地加以梳理、甄别与加深,以获得更多具有创新性与可行性的设计方案。当前,头脑风暴法作为一种十分有效的创新工具可以启发设计者的创新思维并推动文创产品设计创新多元发展。

在实施头脑风暴程序时有以下阶段:

1)准备阶段

开始头脑风暴活动前,参与者的注意力有可能被日常琐事以及个人思考所分散,所以,在准备阶段进行指导与调整就显得非常重要。

这一准备阶段一般包括活动目标的确定、活动规则的提出、时间框架的确立、讨论主题的确立。通过这一环节的指导,帮助参与者把注意力拉回事务性工作中去,专注于即将到来的头脑风暴工作,以保证工作高效有效。

同时,在这一阶段还可通过一些热身活动提高参与者思维活跃程度,如游戏速度快,话题讨论容易。这类活动有助于参与者心情舒畅,突破常规思维模式而进入更加自由、开放和富有创造力的思维状态。

2)提出主题阶段

在头脑风暴引入主题阶段,最重要的是要确定需要解决的问题并且尽量清晰具体。如果所面临的问题范围太广或者所涉因素太多,则把问题分解为几个更为具体和清晰的子问题不失为一种良策。

这一阶段的首要目的就是要把复杂问题切成一些可操作性强的小段,让每一位参与者能够了解和思考。其优点在于能让问题变得更加容易解决,还能让参与者更加容易地提出创新思路和方案。

在主题设置上,必须确保它既具有足够大的范围来包容各种思想和角度,也足够具体来指导参与者有效地进行讨论。另外,有条件地对各个子问题事先规定时间限制还有助于管理活动过程并保证对各问题进行充分讨论。

3）思维发散阶段

思维发散阶段设计师团队成员之间需要相互激发灵感，并借助联想、想象、夸张等多种创新思维工具，使思维尽量发散，产生尽可能多的创意。这个阶段必须鼓励自由思考、激发创造力，不能过早判断和甄别思想。

设计师团队成员之间需形成一种相辅相成的思维模式来启发对方的创造力。每一种观点与思考方式都是独一无二的，分享与探讨这些观点与思考有助于团队多角度地认识问题，进而生成更加全面而深刻的解决方案。

此外，保持积极的情绪也是思维发散阶段的重要因素。在积极的情绪氛围下，人与人之间更多的是分享思想，更多的是接受新颖和与众不同的见解。思维发散阶段以头脑风暴为中心，旨在引导设计师团队以自由开放的思维生成尽可能创新的创意与方案。

3. 明确设计理念

在回顾头脑风暴中所衍生出的大量思想的基础上，将深入探讨其内在关联并归类。在日常生活日益注重审美体验的今天，文创产品出现了趋于泛化的倾向。文化创意元素逐渐融入更多功能性产品中，它们在丰富产品内涵的同时还能增加产品吸引力，是推动消费者购买行为的主要原因。

这一阶段旨在确定潜在的创意，并在此基础上按照创意的性质及可能的实现路径将创意归类整理。这一过程将尽量考虑到产品的市场定位及其对美学、实用性等方面的要求。这样，就能判断出哪些创新想法有可能被成功转化成真正意义上的文创产品，也就能对后续的设计与研发工作有一个清晰的定位。

创意并不是完全任意的，创意实际上遵循着某种规则与逻辑。那些似乎出奇制胜而又令人眼睛一亮的启示，背后常常有相通的"套路"。比如设计师往往把我们所熟知和习惯的东西陌生化地裁剪或者重塑，这是由于我们人类对不熟悉的东西通常比较敏感和容易留下深刻印象。

在这一过程中设计师们没有单纯地把人们所熟知的东西变得生疏，而是以新颖的角度、创新的处理方式赋予其新的意义与价值，从而使这些人们所熟知的东西获得了新的活力。该方法既能激发人们对于事物的全新理解与感悟，又能给设计带来大量创新元素并增强其吸引力与影响力。

文创产品设计过程当中，其核心恐怕是要通过联想及想象创造出各要素间的连接，找寻各要素间的共同点及独特性，而不管各要素间有无直接联系。这类设计过程充满了创意与生动性，能够突破传统思维模式，找到一条新颖独特的设计道路。

此外，文创产品设计的素材来源既包括传统的元素，也包括现代的元素，它们构成了过去与现在的连接。这种文化上的深度沉淀与材料上的大量收集，使设计更能反映出其特有的文化内涵，也使设计作品更具时代感与现实联系。通过在过去与当下之间找到共鸣，才能打造出具有创新性与艺术性、符合当代消费者审美与文化需求的文创产品。

4. 确立设计载体

设计理念或者想法的应用不局限于产品外在表象上，还需要思考其内在含义以及深远的影响。好的文创产品设计不仅视觉效果引人入胜，更深层次打动人心，充满深意与故事。选择恰当的载体来呈现这些思想与设计理念是为了寻求能在满足功能需求与审美追求的前提下，最大限度地表达设计内涵的最优平台或者形态。设计师需深刻了解载体的属性并掌握其定位，才能保证其原创性、实用性与美学价值的完美展现与兼顾。

就文创产品设计而言,连接与重构仅仅是创意开展的一个环节,其真正关键还在于有无之间的适当权衡。它不仅是对外表、内涵、色彩、造型的深度重建,也是一种综合、缜密的思考。设计师需追求最佳美学表现而又能满足其功能需求。这就决定了在每个设计阶段都要取舍有无,既要使可利用资源充分地利用起来,也要避免过分装饰而复杂化。其最终目的就是要打造一个简洁且具有表现力,在满足使用者现实需求的同时还可以提供特殊审美体验的产品。比如图 6-4 所示的九黎城木梳礼盒的设计就反映了九黎城历史底蕴,既蕴含外在美,又体现深刻内涵。

图 6-4　九黎城木梳礼盒

6.2
文创产品的设计表现

文创产品的设计表现是个涉及诸多方面的过程,而这一过程要求用准确而又新颖的手法将设计中的思想与观念表达出来,设计师要提炼设计特征。这一环节主要就是要厘清并归纳出产品核心元素与主题,为之后的设计工作指明方向与基础。

下一步设计师将进入文创产品三维及平面设计。在进行三维设计时,设计者需综合考虑产品的外形、尺寸、比例、材质等要素,才能保证产品实际应用时的功能性与舒适度。在平面设计当中,设计师会更加注重对产品视觉上的表达,比如色彩、图案、装饰等要素的应用。

设计方案敲定之后,设计师将进入打样阶段。平面设计打样阶段设计师将做出初步设计样本并将设计方案以实物形式初步展示出来,供后续检查修改。最后设计师会依据打样后的成果来进行产品模型的制作,直到把设计方案变成实际产品。这就是设计表现的全过程。

整体上看,文创产品设计表现是从概念向实体转变的过程,涉及提炼设计特征、三维与平面设计、打样与模型制作等几个环节,每一个环节都在表达设计师创新理念的前提下,让设计更符合用户需求。

1.提炼设计特征

提炼设计特征是文创产品设计表现中非常关键的一环,其主要涉及对设计元素的深入分析与归纳。这一过程既需要设计师有准确的观察力、深刻的理解力,又要设计师用"减法"原理去排除复杂的、非实质性的因素,旨在保证设计特征清晰精练,保留和加强具有代表性、典型性的要素,从而使设计作品在彰显自身独特魅力之时,还能够明确传达出作品的核心主题与讯息,触动受众心弦。

设计师在设计中不仅要考虑商品视觉上的吸引力,更要深入思考商品购买之后产生的深层次价值。其中包括产品实用功能能否满足用户的现实需求,还需考量其所负载的文化含义——产品能否引起用户文化共鸣、能否传递独特文化价值观等。这种对消费意义与使用价值进行深度思考的设计思路能够使得产品设计更有深度与广度,更能够满足消费者多元化的需求。

2.文创产品三维设计表现

文创产品设计中,表现图作为综合表现产品设计要素的重要手段,整合了产品造型、色彩、构造、比例及材料等主要因素,用直观的方式呈现设计整体效果。一般情况下,表现图都是以透视画法为依据,并借助于多种表现技法与方法,力求形象逼真地表现产品设计中的细节与特征。这样既有助于设计者进行自我审视与优化设计,又可以使潜在用户或者顾客更加深刻而直观地了解商品。

1)草图表现

在文创产品的设计过程当中,其设计效果图表现的形式会因不同的阶段需要而存在着区别。具体而言,可分为概念草图、形态草图、结构草图三大类。

概念草图产生于产品设计早期阶段,多被用来初步探索并界定基本的设计思想与主题。这类草图往往较为粗糙,但能清楚地显示出设计师最初的设想(见图6-5)。

图6-5　概念草图表现

形态草图更侧重于产品外形设计,重点表现产品外观形态、比例、尺寸等关键要素。形态草图的绘制通常要求更加精细和细致,这样才能准确地表现产品的具体外观(见图6-6)。

图 6-6　形态草图表现

结构草图主要表现产品内部结构及部件。这类草图一般出现在产品设计的后期阶段,用于详细描述产品的内部部件布局、连接方式等关键信息(见图 6-7)。

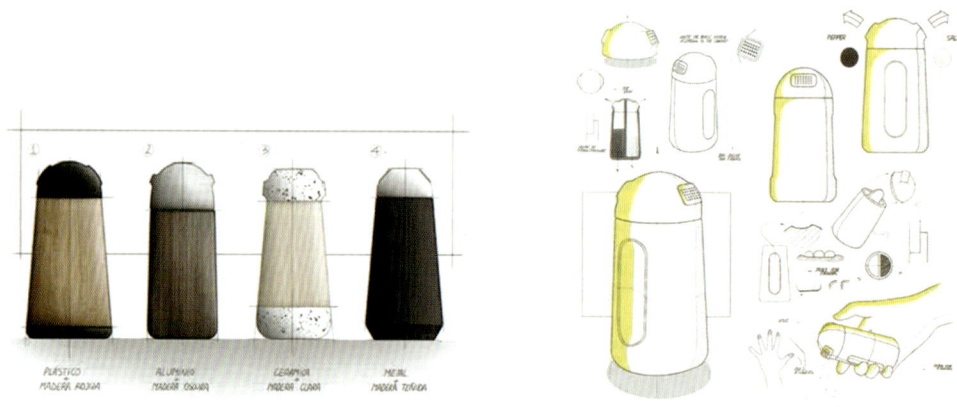

图 6-7　结构草图表现

通过这三种不同的草图表现形式,设计师可以更好地掌握产品设计的各个阶段,从而更有效地推进设计过程。

2)工程制图表现

在实际文创产品设计的过程当中,一般会有两大设计流程:

一是结构优先法。该方法由工业设计师依据结构工程师所设计的产品内部机芯和零部件的原理结构图完成外部设计。该方法突出了产品的功能性与实用性,而设计师的使命就是在确保产品功能的基础上,使产品外观与用户体验尽量达到最佳。

二是形态优先法。在这一过程中,产品设计师先完成对产品形态的设计,再由结构工程师依据这一完成的外观造型进行内部结构设计。该方法强调产品美观性与创新性并重,设计师需找到创新与实用的平衡点,以保证产品在满足使用者实际需求的同时也能够从外观上为使用者提供新鲜感。

这两种方式各有优势,也各有挑战,选择哪一种方法取决于产品类型、目标市场和团队专长。

工程制图表现示例见图 6-8。

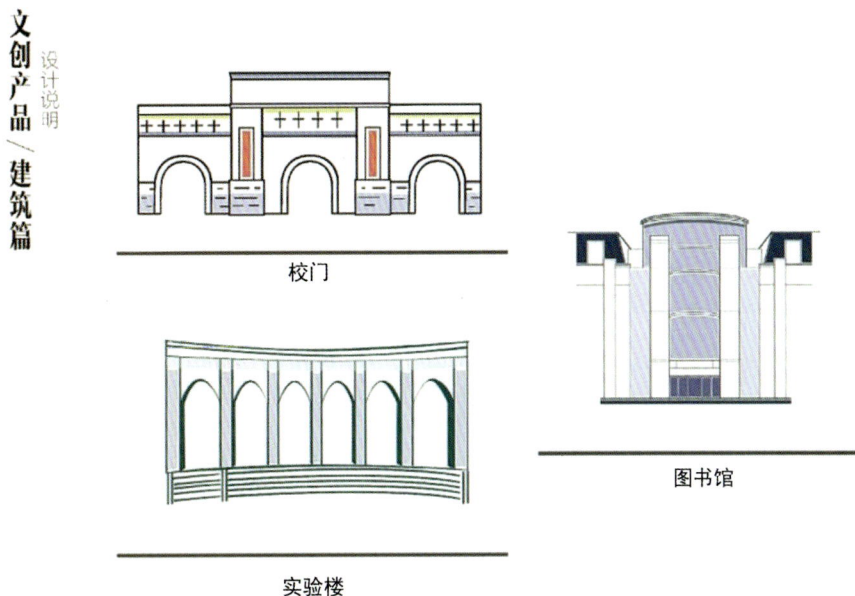

图 6-8 工程制图表现

3)效果图表现

文创产品效果图要求既要清楚准确地表现产品造型、色彩、结构、材料等基本要素,又要能形象传达产品功能与使用感受。这就要求设计师运用丰富的视觉语言,包括透视、阴影、高光、质感等,使效果图在视觉上尽可能接近真实的产品。与此同时,设计师还要将一些引导性因素植入效果图当中,来引导受众对产品功能及使用场景进行了解与感知,从而增强其吸引力与说服力。

目前,在产品设计领域中,使用各种先进的二维绘图软件、数字绘图板,以及计算机辅助设计(CAD)建模工具进行设计已成为主流。这些工具在极大提高设计效率的同时,还能使设计师更准确地展现设计中的每个细节。另外,这类工具可以为设计师提供便利,便于他们在设计时加以改造与优化,使其设计理念得到更好的贯彻,创造出符合消费者要求的高品质产品。效果图的表现主要有如下几步:

(1)计算机辅助建模。

计算机建模就是把二维平面表达变成三维立体表达,这一过程使设计师的思想具有了鲜明而直观的形式。这样,才能使设计中的细节、比例和材料等得到鲜明的展现,才能更好地传递设计师创新的理念。这一改造在提高设计视觉冲击力的同时,更能使受众了解并接受设计师的意图与创新理念。

(2)文创产品渲染。

产品渲染工作在让设计作品更具视觉细节与质感的同时,还让作品更加贴近商业化的终极标准。其重要性体现在可以让设计结果更鲜明、更真实地呈现出来,表现出产品真实的外观与感受,还可以加强对其功能与性能的呈现。一件好的渲染作品能让观察者犹如见到一件真正的商品,进而更深入地了解与鉴赏设计师的设计理念与技术手法。

（3）渲染效果图的处理。

效果图处理步骤对渲染阶段可能留下的缺陷进行优化与补充。这一过程可看作是对作品进行细化与润色，提升作品整体品质与视觉效果的过程。在这个阶段，设计师有可能通过调节色彩平衡、加强对比度、修饰材质表现等手段，甚至加入某些微妙的因素或效果，来提高作品视觉上的吸引力与表现力。这一环节旨在使渲染出来的产品效果图更贴近设计师最初的意图，也更能满足受众审美期待。

文创产品的建模示例见图 6-9。

图 6-9　文创产品建模

3. 文创产品平面设计表现

1)视觉元素的提取与衍变

提取视觉元素是设计过程的关键。一切设计均来源于某一最初的理念,而这一理念在形式化过程中又会分解并转化成多种视觉元素,其中就有图形的造型、尺寸、质感、颜色、语言等形态。这些要素并非孤立地存在,它们之间互相联系在一起,共同建构了整个设计视觉效果。设计师在这一过程中要利用专业知识与创新思维将这些要素仔细筛选并巧妙结合起来,才能将初始概念所蕴含的意义准确而鲜明地传递到最终设计成果之中。

视觉元素的衍变既需要设计师能在基本形态上加以提炼与创新,也需要设计师去挖掘和发掘隐藏在这些形式背后的深层含义,从而做出富有内涵的拓展。这是个充满创意与逻辑的过程,设计师需要利用自己的专业知识与创新思维把视觉元素由其原始状态转换并演绎出全新的形式与含义,从而使设计作品具有更加深刻的意义,具有更加独特的性格。这类设计不但能够抓住观赏者的注意力,更能够引起观赏者的思考与共鸣,进而传递设计理念与文化价值。

视觉元素的衍变示例见图 6-10。

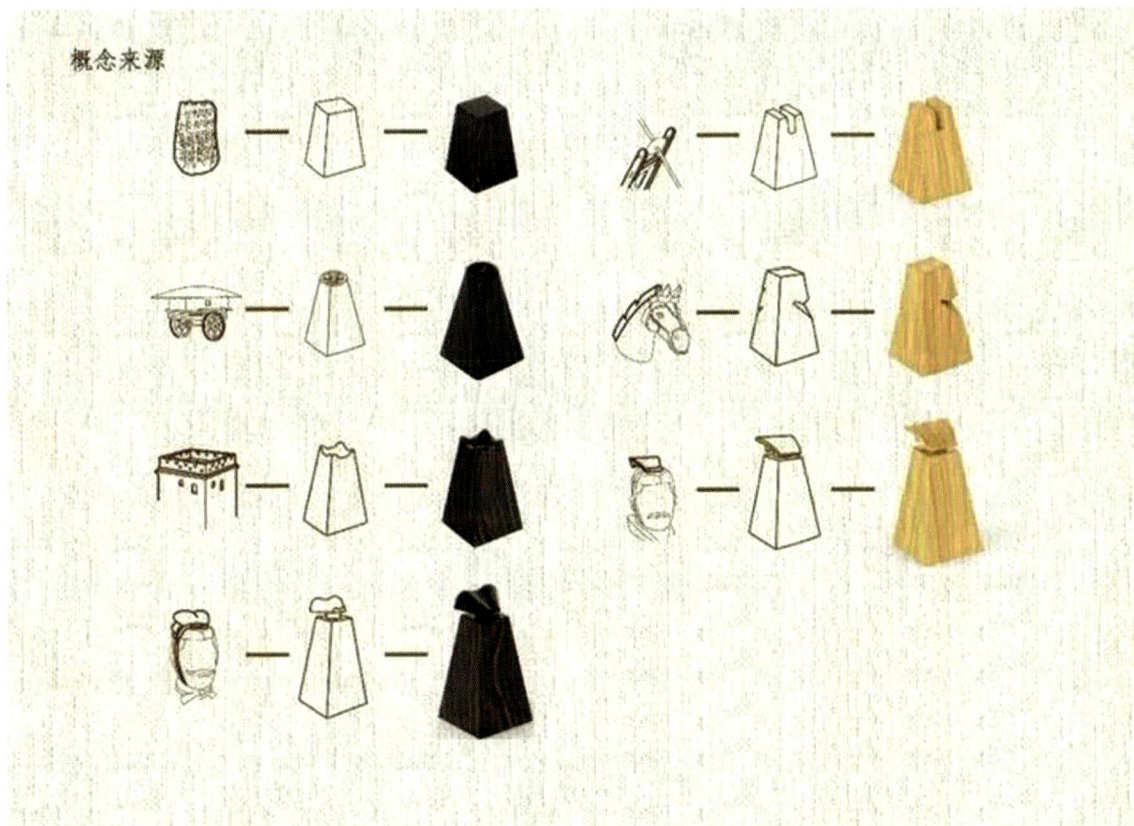

图 6-10　视觉元素的衍变

2)文创产品平面设计表现样式

(1)平面装饰。

这是图形设计中的突出特点。平面设计是通过在二维空间范围里引入现实物象,使之抽象化和简化而被赋予全新象征意义。在这一艺术形式中,设计师大胆地运用色彩、造型、线条来创造独特的视觉效果,达到交流、传递信息、表达情感的目的。在文化创意产品设计上,平面设计运用并不限于产品包装或广告上,还可直接将其纳入产品设计之中,成为产品组成部分,使其更加具有艺术性与创新性。

平面装饰风格表现出了很大的构图自由度与创新,既没有追求真实的视觉,也没有追求自然的再现。相反,该风格突破了传统时空观念的局限与限制,从新的角度与方式对视觉元素进行解构与重组。其主要特征是注重造型上的抽象与简化、色彩上的豪放与明快、线条上的圆润与典雅。这一特殊的艺术表现手法使设计作品极具视觉冲击力与艺术感染力,能有效吸引受众眼球并产生情感共鸣(见图6-11)。

图 6-11 平面装饰风格文创

(2)插画样式。

插画用途极广,涉及多种插图形式。插画在对文本进行补充与充实,强化信息传递效果的同时,也是传达作者思想并表现特定气氛、情绪或者意境的极为有效的工具。插画风格在视觉上可理解为故事,它通过色、线、形以及构图这些视觉元素来描绘特殊的景象,传递深层的含义与感受。在文创产品设计中,插画风格的应用可以赋予产品特有的艺术性与情感性,使其不仅有实用价值,还有艺术价值与文化价值(见图 6-12)。

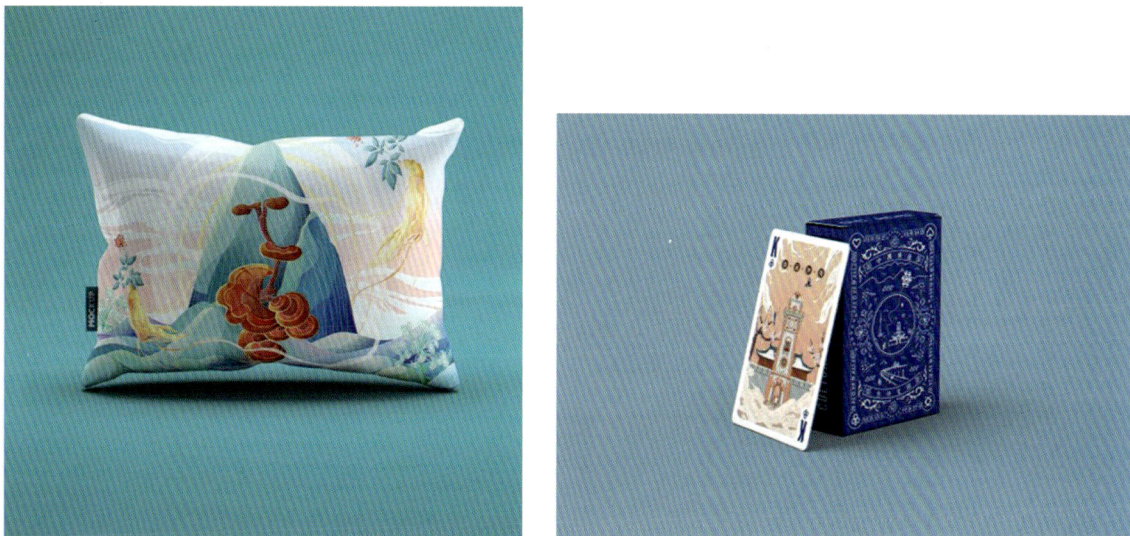

图 6-12 插画样式文创

(3)卡通动漫样式。

卡通原指动画片、漫画等拟人化或动物化角色形象,由于其活泼可爱、表情丰富等外形特性而被广泛运用在各种商业设计之中。这种设计既能吸引眼球,又很容易让人产生共鸣,提升商品亲和力,其趣味性强、通俗性强,使产品更容易让人接受。同时卡通风格还可用于传达某些重要信息或理念,使设计更具深度与内涵。在文创产品设计中,可通过漫画卡通风格的应用,赋予产品以独特的个性与鲜活的形象,从而使其更具吸引力与竞争力(见图 6-13)。

图 6-13 卡通动漫样式文创

4. 平面设计打样

打样对产品的设计过程起关键作用。这是设计理念向实际物理产品转变的必经阶段,是产品批量生产之前对产品品质、功能、美观性等方面做初步测试的一个重要环节。通过打样,设计师能够依据实际样品对设计方案进行可行性评估与验证,保证产品质量达到预设工艺设计效果。另外,打样还是一项行之有效的工艺措施,它能使设计师在生产过程中及时地发现和解决可能遇到的各种问题,以保证最终产品能达到预期效果,满足用户的需要。不仅如此,打样也能给设计师带来实际操作的体验,有助于设计师对设计工艺的深入了解与把握,促进设计效率的提高与产品质量的改善。从整体上看,打样是文创产品从设计走向制作的关键桥梁,也是保证文创产品设计质量并顺利生产的关键环节。

打样的好坏,很大程度决定着最后批量生产产品质量的稳定性。若打样阶段所产生的问题不能及时发现并加以解决,则有可能在批量生产时将其放大,进而影响到产品的整体批次。所以在打样阶段,品质管理就显得格外重要,必须对打样产品进行严格质量控制与详细检验,才能保证打样产品能正确体现设计意图并达到预设性能与质量标准。唯有如此,才能够保障后续量产产品的质量,保证为消费者供应的货物质量均达标。因此,打样阶段质量控制无疑是产品设计与生产中关键的一环,对于保证成批产品的质量稳定起着关键作用。

5. 模型制作

模型是研究系统、研究过程、研究事物或者研究观念的特定表达方式。具体地说,文创产品设计中的模型往往是指依据设计图样按一定比例精心打造出来的产品样本。这些模型不但可以帮助设计者更加直观地了解并测试设计理念是否实用,而且能为潜在消费者提供一个预先感受产品外观、手感与功能等方面的机会,以此来搜集对产品优缺点的反馈,并对后续设计优化提供有价值的参考。因此,模型制作过程不仅是设计理念从理论走向实践的关键一步,也是优化产品、提升用户体验的重要环节(见图 6-14)。

图 6-14　文创产品模型制作

6.3
文创产品的市场推广

1. 市场分析与定位

文创产品推广过程的第一步是对市场的深入分析和综合。其中包括对目标市场规模、竞争格局、消费者行为与需求等方面的洞悉,并对产业发展趋势进行展望。经过对这些重要资料的搜集和分析,下一步是定位阶段的工作。该阶段有必要依据分析结果确定产品针对的目标市场与消费者群体、产品独特的市场地位与价值主张。这一过程一般包括选择具体的细分市场、识别产品竞争优势并制定出相应的产品定价与营销策略等。这一阶段旨在保证设计产品既能切实满足目标消费者需要,又能在激烈的市场竞争中崭露头角。

2. 营销策略与渠道选择

产品定位清晰之后,建立行之有效的营销策略就显得尤为重要。其中包括明确产品推广方式、销售渠道以及价格策略。从推广方式来看,可选择传统广告推广或借助社交媒体、网络营销等现代营销手段。就销售渠道而言,可依据产品特性及目标市场选择线上、线下销售或二者相结合。定价策略方面,需综合考虑产品成本、市场接受度和竞争对手定价。选择合适的营销渠道是促销顺利进行的关键,其中既可以有传统零售店、电商平台,也可以有社交媒体以及影响者营销这些新渠道。在此过程中了解消费者的购买行为及喜好非常关键,因为它有助于我们在消费者最易见到及购买之处宣传商品。

3. 品牌建设与传播

所谓品牌,就是情感与心理的感知,它反映了消费者对商品与服务的信任感与忠诚度。打造强势品牌,要求品牌定位清晰、品牌信息连贯、品牌形象统一。与此同时,打造品牌还需要有一套行之有效的传播策略,其中可能包括公关活动、广告宣传、社交媒体营销、口碑推广和其他多种传播工具。在进行品牌传播时,应注重维护品牌信息的一致性,从而提高消费者的品牌认知与忠诚度。与此同时,品牌中的故事与文化更是提升消费者情感连接与忠诚度的重要途径。所以,品牌建设和传播不只是销售产品的过程,更是价值与情感传递的过程,同时也是企业与消费者之间建立深度情感联系的桥梁。

第七章
非遗文创产品设计实例——中南大学瑶族长鼓舞基地成果汇总

7.1
衍生文创设计模块

在文化创意产品模块,中南大学瑶族长鼓舞基地将与瑶族有关的文化创意设计成功转化为二十余组精致且有代表性的作品。这些产品既从设计方面充分体现瑶族特有的文化元素,又从品质、实用性等方面进行精心制作,以保证它们有较好的市场接受度。该单元设计成果既对瑶族非物质文化遗产继承与发扬发挥积极作用,又对地方经济发展产生实质效益。这类产品,不管是作为旅游纪念品、礼品还是日常生活实用品,均市场前景广阔,有效地促进了瑶族文化传播与发展。

1. 设计名称:瑶族 IP 意象盲盒设计

设计说明:

本次设计对瑶族各个支系服饰文化进行了深入的研究,对其中所蕴含的独特审美内涵与丰富艺术表现进行了全面的发掘与鉴赏。在各个支系服饰元素的精细研究、分解、概括与重构过程中,强调传统服饰核心元素——图案色彩与款式造型的萃取,同时融入现代审美价值观念的创新设计。我们通过 3D 建模,实物上色的方式来达到少数民族传统元素在现代时尚设计中的有机结合与创新。

本次设计采用瑶族各个支系原生态传统服饰形制作为设计蓝本,彰显出传统民族文化魅力与价值。与此同时,通过结合现代潮流 IP 文化,将历史与新锐相联系,突破民族及潮流文化边际边界,营造一种崭新的设计风格及视觉效果。我们对“民族加国潮玩具”的创新设计表现进行探索与实践,以此来打造瑶族 IP 意象盲盒设计。

本次设计既是对瑶族服饰文化的研究与发掘,也是一次别出心裁的展示。这样,既尽量保持瑶族文化原始性、纯粹性的特点,又能与当代潮流文化有机融合,从而既符合当代审美需要,还可以更好地继承与弘扬瑶族非物质文化遗产。

瑶族 IP 意象盲盒设计因其设计理念独特、造型精致以及对瑶族文化了解透彻、推崇程度高,毫无疑问会受到市场的普遍关注与热捧。它既是艺术价值与收藏价值并存的艺术品,又是寓意深刻的礼品,既适于作馈赠亲友之用,又可自我收藏与鉴赏。

设计以特有的视觉语言与形象呈现赋予传统瑶族文化以新的活力,让传统瑶族文化在新时代语境中焕发出全新的光辉。这类设计在发扬传统文化、增强民族文化自信的基础上,还推动了文化的多样性与革新,为设计与传播开辟了新道路。

此外,瑶族 IP 意象盲盒设计还具有极高的实用价值。它可以作为一种独特的商品出售,为传统文化的保护和传承提供经济支持。与此同时,它还能成为文化传播的工具,在市场流通与消费者互动中,使更多的人了解并接触瑶族文化,提高大众对非物质文化遗产的理解与推崇。

瑶族 IP 意象盲盒的设计无疑给继承与发扬传统瑶族文化注入了新的生机,给现代设计界以新的启发与启迪。新艺术是融传统与现代、民族与潮流于一体的创新设计,它是对非物质文化遗产韵味的开掘,更是对多元文化的深入学习与领悟。

设计图如图 7-1 所示。

图 7-1　瑶族 IP 意象盲盒设计图

实物图如图 7-2 所示。

图 7-2　瑶族 IP 意象盲盒实物图

2. 设计名称：瑶族民居文创积木

设计说明：

瑶族民居文创积木设计作为富有创新与趣味的设计产物，以南岭传统瑶族民居吊脚楼作为设计蓝本，将文化、技术与创新元素巧妙结合。该积木在给孩子们带来充满挑战与乐趣的拼装体验的过程中，引发孩子们对非物质文化遗产的关注与感知，也给孩子们带来寓教于乐、寓学于乐的平台。

设计人员在设计时深入分析了瑶族传统民居所蕴含的文化、历史以及社会价值。他们利用虚拟仿真技术对原生态建筑建造方式进行记录与保留，对民居地域特色进行悉心提炼，在设计中融入建筑装饰文化、家庭伦理观念、宗教文化以及其他文化符号。设计者秉承人、道、器整合的设计思路，将瑶族民居改造为可拆解装配的 122 块拼图，并采用 3D 打印技术对积木进行物理制作。

这种瑶族民居文创积木既是游戏玩具,也是文化传播的工具。其通过寓教于乐,使孩子们在玩的过程中认识并领略瑶族民居特有的魅力,增强大众对非物质文化遗产的认同度与敬意。与此同时,该设计还为传统文化保护与继承提供了新的可能性,以创新与技术的应用使非物质文化遗产能够在新时代语境中活态传承。

可以说,瑶族民居文创积木设计是一种体验式的文化创意设计,它不仅弘扬了传统文化,传播了民族文化知识,也让传统民居文化在新的形式下得以活化,以期为传统文化传承与保护提供一种新视角、新思路。

设计图如图 7-3 所示。

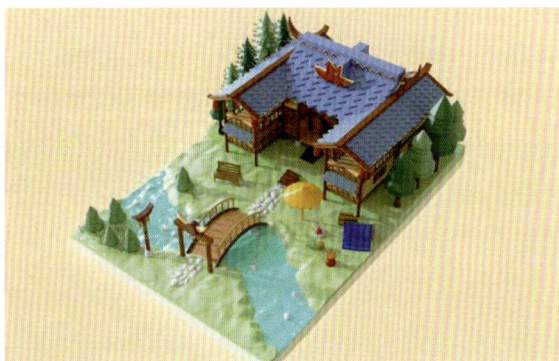

图 7-3　瑶族民居文创积木设计图

实物图如图 7-4 所示。

图 7-4　瑶族民居文创积木实物图

3.设计名称:基于瑶族视觉元素的"鼓的杯"的设计

设计说明:

"鼓起来的杯子"设计是从瑶族博大精深的文化环境中孕育出的一种创新设计。设计师在符号学与色彩学的理论支持下,在可持续设计、感性设计与通用设计的设计思路下,深入了解瑶族长鼓并加以创新提炼,融入"鼓起来的杯子"文创设计。

在图案设计中,设计者选择简单明了但生动性强的植物、动物、人物以及十二姓等文字素材。他们重新设计植物纹样,创造新的单元形状,用二方连续与四方连续的形式,营造平衡、和谐、对称、快乐的视觉效果。这类设计既充满艺术性与视觉冲击力,又于无声中传达瑶族文化之深意。

设计师把对瑶族长鼓的认识与创新思维进行巧妙融合并贯穿于设计始终,用一种新的手法展现瑶族文化魅力。这种"鼓起来的杯子"设计既体现出设计师独特的艺术视角,又成功地将传统文化元素向现代创意设计转变,使人在享受设计之余感受瑶族文化带来的深刻影响。

整体来看,以瑶族视觉元素为载体进行"鼓起来的杯子"设计具有创新精神与文化内涵。其将传统文化和现代设计理念进行完美融合,彰显瑶族文化魅力的同时,为传统文化继承与革新提供新思路。

设计图如图 7-5 所示。

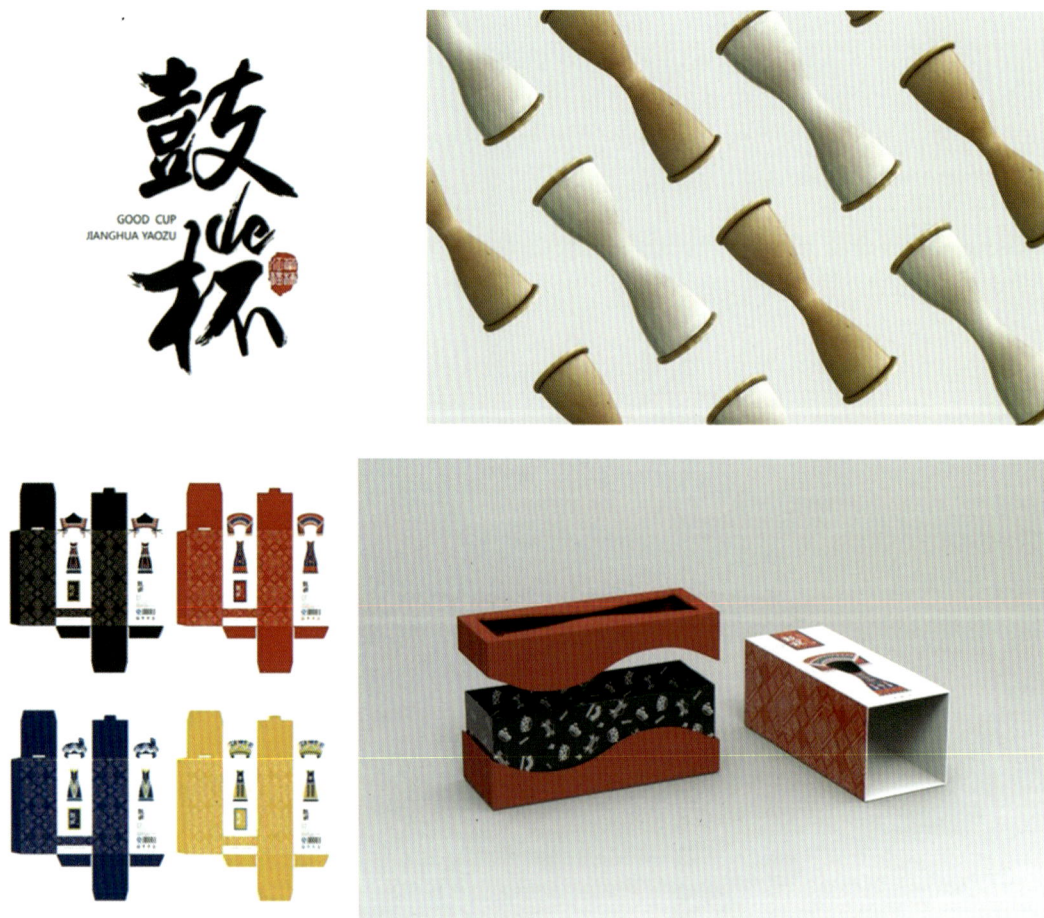

图 7-5 "鼓的杯"设计图

实物图如图 7-6 所示。

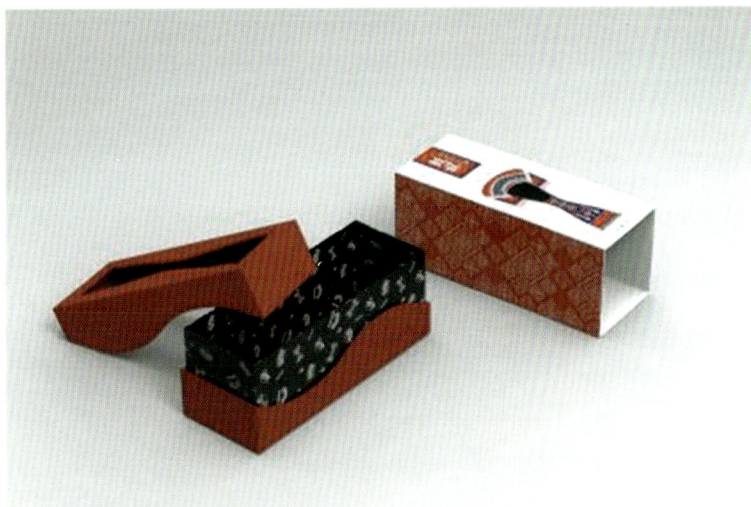

图 7-6　"鼓的杯"实物图

4. 设计名称:《盘瓠盗谷》立体绘本

设计说明:

立体绘本《盘瓠盗谷》是一项精心设计的项目,旨在通过现代设计手法和美学理念,将瑶族传统神话故事表现出来。该设计项目将特殊的人物设定、色彩应用与书籍装帧设计相结合,成功营造出一个鲜活、立体的瑶族神话世界。

在人物设计上,设计者以历史文献中所记载的人物设定为基础,结合瑶族人物着装特点,创造出一批具有鲜明个性的人物。这些人物在准确表现神话故事主题与感情的基础上,丰富了神话故事中的人物层次与视觉效果。

在配色上,设计者巧妙利用"瑶族好五色"原生色彩以及与现代人审美相符的初生点缀色来刻画。这一特殊的色彩应用在保留瑶族文化原色的同时增加了现代审美新色彩,使绘本色彩更丰富、更多元,给读者以视觉享受。

立体绘本《盘瓠盗谷》是瑶族传统文化与现代设计艺术的完美结合。其设计手法新颖,将瑶族神话故事展现得淋漓尽致,充分展现瑶族文化魅力与深远影响。该设计项目既给传统文化的继承与发扬提供了一种全新的可能性,同时又给现代设计艺术以全新的启示与启迪。

《盘瓠盗谷》立体绘本实物及衍生产品展示如图 7-7 所示。

图 7-7　《盘瓠盗谷》立体绘本实物及衍生产品展示

续图 7-7

5. 设计名称:《长鼓之源》《迁徙之路》绘本

设计说明:

《长鼓之源》《迁徙之路》两本绘本以绘画艺术与文字叙述相结合的形式展现瑶族丰富的神话故事与迁徙历史,它既是瑶族文化的一次深入发掘,又显示出设计者高超的技艺与敏锐的眼光。

绘本《长鼓之源》中,设计者巧妙地将一系列神话故事情节联系起来,其中有盘瓠成年、盘瓠娶三公主、盘王之死和对盘王的追思等,由此构成一个整体叙事链条。它既反映出瑶人祖先盘王英勇顽强的精神,又表现出瑶族人民砍泡桐树、剥羊皮做长鼓、昼夜捶打祭祀等民俗的来历。设计者根据故事发展过程整理插画叙事语言,使叙事内容与视觉效果互补。

另一本绘本《迁徙之路》融合千家峒传说、渡海神话和盘王大典等一系列故事情节,描写瑶族人民长期迁徙过程中的艰难险阻和大无畏精神,也描写许多年之后盘王大典上民族团圆的喜悦盛景。设计者在画面上运用并置的空间叙述技巧,选择过程中有代表性的环节,将其放置在同一个空间画面上,对该空间内事件进行静态的刻画,从而构成静态历史叙事设计。

　　两本绘本均以视觉与文字双重叙事的方式将瑶族神话故事与历史传说生动地呈现出来,让读者能够更直观地了解与体会瑶族文化所蕴含的意义与魅力。这既是对瑶族文化的推崇与继承,更是对现代设计技术与技巧的新探索与新挑战。

　　设计图如图 7-8 所示。

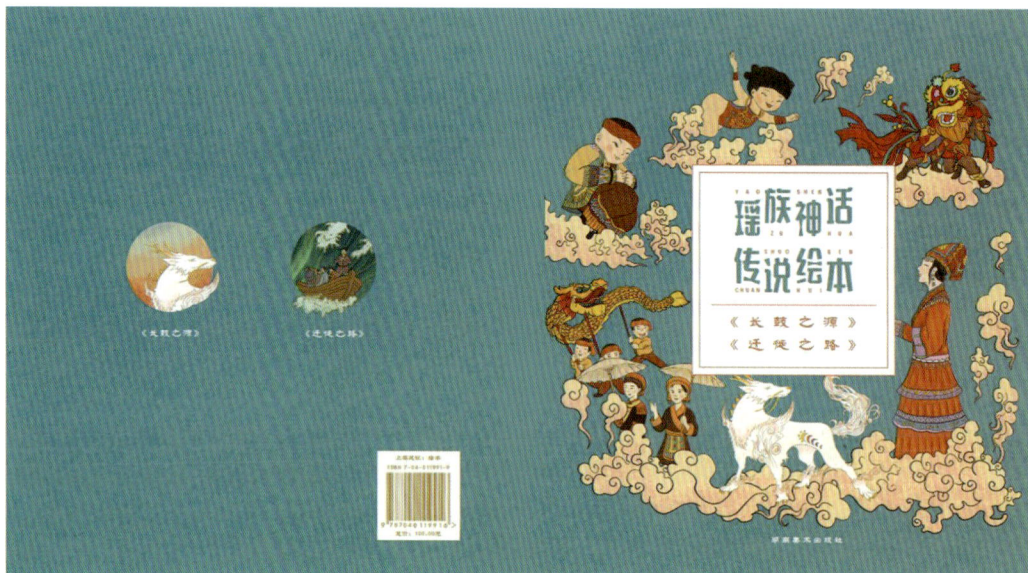

图 7-8　《长鼓之源》《迁徙之路》绘本设计图

实物图如图 7-9 所示。

图 7-9　《长鼓之源》《迁徙之路》绘本实物图

续图 7-9

6. 设计名称:《盘王大歌》长卷

设计说明:

长卷《盘王大歌》设计是旨在继承与激活瑶族文化的创新工程。本设计在对瑶族文化特点与历史传统进行深入调研与了解的基础上,对南岭地区瑶族特有的象征、色彩与文化元素进行充分的提取与运用,打造展示瑶族文化风貌的巨幅画卷。

设计者在进行设计时既充分考虑到青少年受众群体对文创设计的要求与期望,又积极地探索并尝试运用新兴科技手段进行创作。设计者借助数字化手段将长卷优质地重现与再现,使其细节与纹理得以完整地保存与展现。同时设计者也借助新兴 AR 技术将《盘王大歌》视觉化设计创新性地呈现出来,让受众通过互动来感受,更直观、更形象,更能体会瑶族文化魅力与博大精深。

该设计既展现了瑶族历史文化,又反映了现代设计新思路、新技术。设计者通过传统文化与现代科技的结合,成功达到数字化、活化传承传统文化之目的,开拓传统文化传播与发展的新可能性。该设计将传统文化与现代科技进行深度整合,将文化传承与科技创新进行有效融合,这不仅表现出对传统文化的尊重与保护,还显示出现代科技所提供的无限可能性与创新力量。

设计图如图 7-10 所示。

图 7-10 《盘王大歌》长卷设计图

实物图如图 7-11 所示。

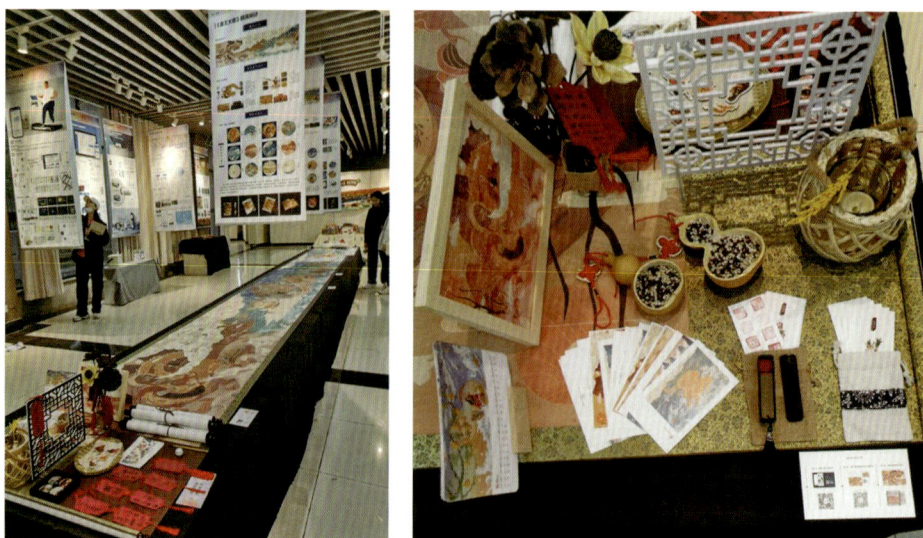

图 7-11 《盘王大歌》长卷实物图

7. 设计名称：瑶族神话传说创意装饰夜灯

设计说明：

瑶族神话传说创意装饰夜灯设计是试图把瑶族深厚的文化传统与现代生活美学有机结合起来的一种创新性设计企图。此款夜灯设计灵感来源于瑶族神话传说，采用了龙犬盘瓠、三公主、长鼓以及八角花等瑶族特有神话图腾作为设计要素，通过现代设计手法使这些文化意义深刻的图腾用新的形式展现在生活用品上。

此款夜灯设计思路来自于对瑶族文化的深度了解与尊重。在设计师看来，只有使大众对瑶族文化有所了解、有所鉴赏、有所消费，才是瑶族文化真正活态传承的途径。所以设计师在进行设计时，强调要把中国式、民族式美学意境贯穿于产品设计之中，使每一个产品都成为瑶族文化传承与彰显的媒介。

在外形设计方面，设计者选择道家思想重要的精神原型——圆形。圆与中国人民的宇宙意识、生命情调等息息相关，它所代表的一种和谐、完整而又亘古不变的美学观念也是与瑶族文化精神内核高度一致的。整个设计简洁大气，在体现产品装饰性的同时又充分考虑其实用性，使装饰性与实用性完美结合于该产品设计。

从整体上看，瑶族神话传说创意装饰夜灯设计是一种文化与设计跨界融合的成功实践，不仅表现出对瑶族文化的深入了解与尊重，更表现出现代设计创新思维与实践能力。本设计既是生活用品，又是传承与展现瑶族文化的艺术作品，充分反映出设计师匠人精神与对文化传承的深刻理解。

设计图如图 7-12 所示。

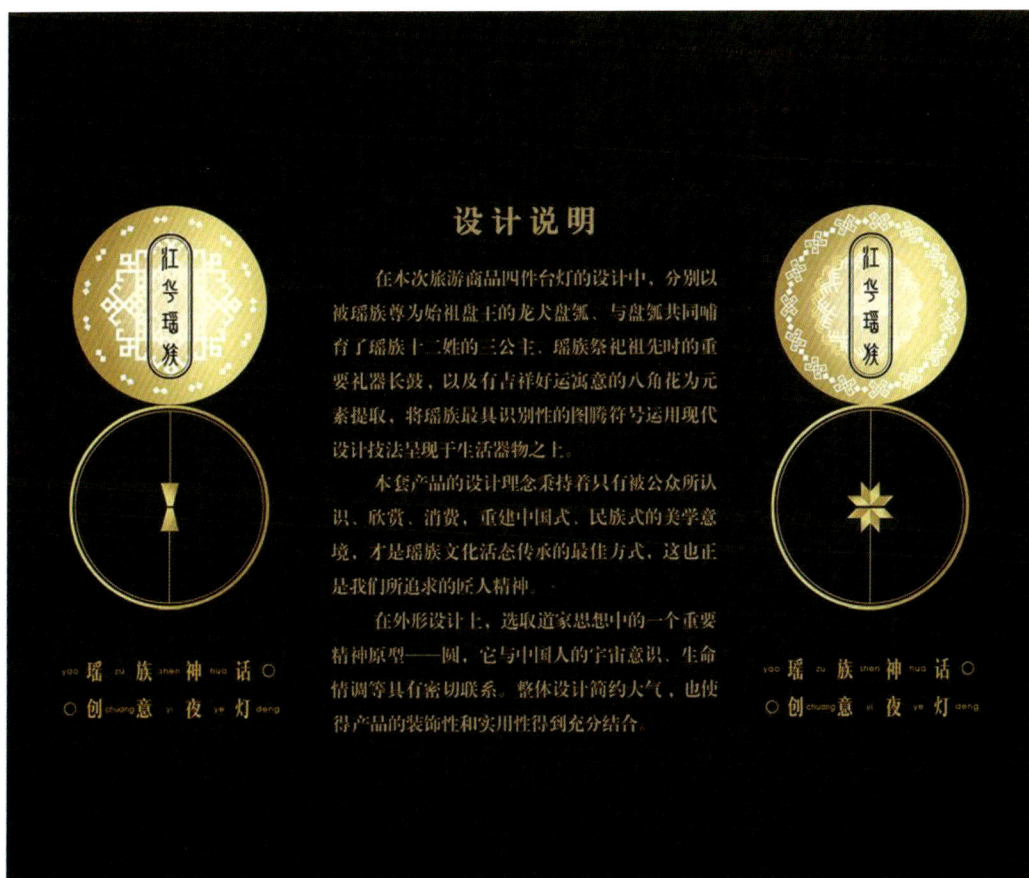

图 7-12　瑶族神话传说创意装饰夜灯设计图

续图 7-12

8.设计名称:卡通瑶族长鼓制作过程

设计说明:

卡通瑶族长鼓的制作工艺设计是瑶族传统手工艺在文化传承上的创新性重现。设计师在色彩、图形、版式、构成和工艺等专业理论知识的指导下,对瑶族长鼓的创作过程进行深入探讨,并用 16 张拼贴装饰画来展示该工艺。

在色彩运用方面,设计者从瑶族传统色彩出发,利用色彩心理学、色彩美学等理论找到了一种可以传递瑶族文化气息的色彩搭配方式。在图形设计中,设计者运用形式美法则与简单法则相结合,将拼贴装饰画这一艺术表现形式融入其中,使每幅作品在保持画面整体美感与和谐性的前提下,完整展现长鼓创作的重要步骤。

设计师在进行设计时,刻意将现代特色几何(扁平化)因素融入其中,一方面让作品符合现代人审美需求,另一方面,旨在强调长鼓生产中关键的环节与技巧。设计者希望通过该设计把这门瑶族的传统手工艺最大限度地记录下来并传播出去。

在总体设计上,设计师主要从版式与构成、色彩与图形等方面入手,经过精心设计与布置,使每幅作品都能独立叙述长鼓制作过程中的一环,同时还可以与其他图片组成制鼓的完整流程。设计师巧妙地将工艺的因素融入设计之中,使作品既富有艺术性,又具有教育意义与实用价值。

从整体上看,卡通瑶族长鼓制作工艺设计是传统文化与现代审美成功结合的体现。它不仅是艺术品、教育工具,还能传承与弘扬瑶族传统长鼓生产技艺。设计师通过这一设计成功地将瑶族传统文化与现代审美结合起来,使传统手工艺在新形式、新内容下得以传播与发展。

设计图如图 7-13 所示。

图 7-13　卡通瑶族长鼓制作过程设计图

9. 设计名称:基于瑶族长鼓舞的系列插画设计

设计说明:

以瑶族长鼓舞为原型所进行的一系列插画设计就是用艺术的方式把瑶族生活与文化的独特魅力充分地表现出来的一种尝试,既精准捕捉到瑶族文化的关键要素,又通过鲜活的画面使受众深刻了解瑶族日常生活与风俗习惯。

本设计从瑶族三大庆典类型——婚庆、祭祀、丰收入手,这三大庆典类型代表了瑶族族群生活中最重要的部分——家、灵、工。每一种庆典类型均具有特殊的文化象征与含义,长鼓舞是跨越这三类庆典、象征瑶族人民幸福的一条统一的重要连接线。

设计师将瑶族特色视觉元素充分地运用到这一系列插画设计当中,比如明快的颜色、几何的造型以及动感的线条等,使每幅插画既富有生活气息,又富有艺术魅力。与此同时,设计师还重视插画对情感的表现,通过插画上角色的行动与神情,使观者能体会瑶族人民举行庆祝活动时的欢乐、虔诚与惬意。

设计师通过这一系列插画设计成功地将瑶族日常生活与风俗习惯以新的角度与方式呈现在观众面前。这样既加强了对瑶族文化的了解与认识,又给瑶族文化的继承与发扬带来了一种新的可能。与此同时,本次设计还显示出设计师对瑶族文化的深入研究与尊重,反映出设计师的专业素养与社会责任感。

综上所述,以瑶族长鼓舞为原型所进行的一系列插画设计是富有创新性与生机的。它以鲜活的插画、丰富而深刻的内涵,将瑶族文化特有的魅力与价值呈现在人们面前。这一设计既是艺术上的成功实践,又是对瑶族文化的深度探索与激情讴歌。

设计图如图 7-14 所示。

图 7-14　基于瑶族长鼓舞的系列插画设计图

实物图如图 7-15 所示。

图 7-15　基于瑶族长鼓舞的系列插画实物图

续图 7-15

10. 设计名称:基于瑶族婚庆文化的家用纺织品设计

设计说明:

用现代设计手法打造瑶族传统元素题材家用纺织品。本设计既充分展示瑶族文化魅力,又满足现代生活审美需求。

在图形设计方面,本设计采用瑶族传统民族服饰纹样和瑶族传统八宝被作为设计基础。这些要素是瑶族文化最具代表性的象征,其设计与运用无不充满着深刻的文化内涵与艺术魅力。设计师在本次设计中充分挖掘了这些要素的特性与意义,打造出了文化气息与艺术感俱佳的家用纺织品。

在具体设计元素的选取方面,设计师采用了过山瑶和平地瑶服饰风格作为主要设计元素。过山瑶与平地瑶作为瑶族两大支系,其服饰风格各有特点,却无不洋溢着瑶族独特的艺术风格与文化内涵。设计师巧妙地将两种风格特征糅合到设计之中,使设计出来的纺织品不仅能够反映瑶族各支系之间的密切关系,而且能够突出其自身的特征。

在床单与被罩主图设计中,设计者互相糅合两种不同分支的特征。该设计方法不但使整体设计风格统一,而且使每件纺织品独具风格与特点。这一设计方法不仅反映出设计师对瑶族文化的深刻了解,更表现出设计师独特的设计视角以及精湛的设计技艺。

以瑶族婚庆文化为背景进行家用纺织品设计,不失为一次别开生面的设计尝试。其将瑶族传统元素作为题材,运用现代设计手法,打造具有丰富文化韵味与艺术感,不仅符合现代生活审美需求,同时也继承瑶族文化精髓的家用纺织品。它既是艺术的创造,更是对瑶族文化深度的挖掘与热情洋溢的礼赞。

设计图如图 7-16 所示。

图 7-16　基于瑶族婚庆文化的家用纺织品设计图

实物图如图 7-17 所示。

图 7-17　基于瑶族婚庆文化的家用纺织品实物图

11.设计名称:瑶族神话传说系列插画设计

设计说明:

以瑶族独特装饰元素为背景,结合中国传统装饰风格进行插画设计。本设计借助现代数码绘画技术来演绎瑶族神话传说中的人物、事件及其意蕴,从而使其成为观赏者能够直观感知到的艺术形象。

设计所受启发来自于瑶族古老的神话传说,它既是瑶族文化中的一个重要部分,又是瑶族人思想、信仰以及生活习俗等方面的一个重要媒介。设计师在进行设计时,试图借助艺术的技巧与直观的语言使这些神话传说能够在插画上焕发出新的活力与表现力。

在图形元素的选择与运用中,设计者借鉴瑶族装饰艺术。瑶族装饰艺术用它特有的纹样、色彩与形态表现瑶族人民对人生与自然的认识与感受。设计师在进行插画设计时,将这些要素巧妙利用起来,使每幅作品都洋溢着瑶族民族风格与文化气息。

与此同时,设计师还从中国传统装饰风格中汲取营养,这一装饰风格因其精美、绚丽而又饱含深意,给设计平添了更加迷人与丰富的内涵。设计师将瑶族装饰元素与中国传统装饰风格巧妙结合,使插画既有瑶族民族特色,又不失中国传统艺术。

从技术上讲,设计师运用了现代数码绘画技术。该技术具有灵活、多样、高效等特点,给插画设计带来了更多可能与自由度。设计师运用数码绘画技术对神话传说里的人物、情景、事件进行细腻的刻画,使插画变得更鲜活、更精致、更立体。

瑶族神话传说系列插画设计是现代艺术和传统文化结合的一次尝试。其运用现代视觉语言与艺术手法对瑶族神话传说进行生动阐释,使观赏者在享受美的过程中,还可以感受到瑶族神话传说中所蕴含的奇幻色彩而引起心灵深处的共鸣。

设计图如图 7-18 所示。

图 7-18　瑶族神话传说系列插画设计图

实物图如图 7-19 所示。

图 7-19　瑶族神话传说系列插画实物图

12. 设计名称:《盘王大歌》字体设计

设计说明:

本设计以瑶族《盘王大歌》为核心思想,结合现代字体设计,营造独特视觉效果及审美体验。在设计初期,我们对瑶族《盘王大歌》产生的历史背景、文化内涵及传统象形图案等方面进行了深入的研究,提取出与歌词意境密切相关的要素,并将其重新绘制、创意演绎。

在字体设计上,受古代金文字体启发,试图把金文特色和瑶族《盘王大歌》象形图案结合起来,创造一种既有传统韵味,又有现代气息的新字体。该字体不但视觉识别度达到较高水平,而且能把瑶族文化与《盘王大歌》精神内涵表现得淋漓尽致。

为使字体设计更丰富、更立体,在字形上也做了精心调整、优化,使得每一个字都能够配合相应的象形图案、歌词意境。另外,注意字体的排版与节奏,追求整体视觉效果的和谐与流畅美。

最后,充分考虑到不同情景对字体的使用要求,使得字体适合传统文化的传播和能够满足现代设计领域的多种要求。不管是在书籍、海报、广告还是产品包装中,这种字体都能够发挥出其特有的韵味,给人一种崭新的视觉体验与审美享受。

综上所述,《盘王大歌》字体设计就是一种创造性、实验性的尝试,成功地把瑶族《盘王大歌》字体设计与现代字体设计结合起来,为继承和弘扬传统文化提供了独特的艺术形式,同时,给现代设计领域带来了新鲜的生机与启示。

设计图如图 7-20 所示。

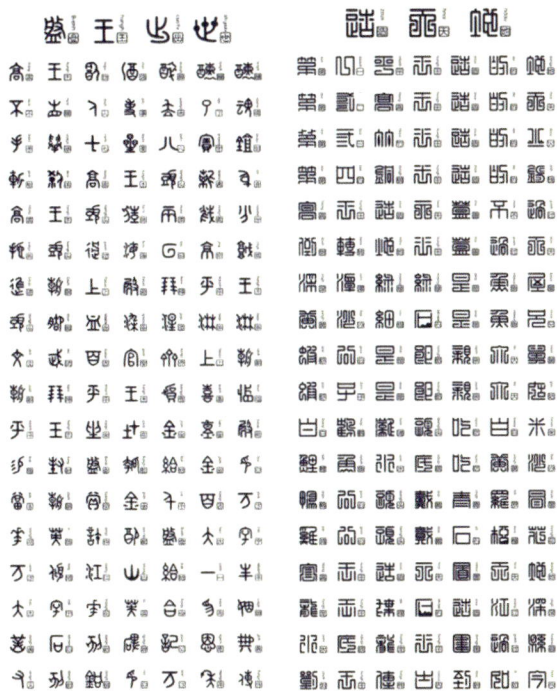

图 7-20　《盘王大歌》字体设计图

实物图如图 7-21 所示。

图 7-21　《盘王大歌》字体实物图

13. 设计名称：基于瑶族节庆风俗的月历设计

设计说明：

该设计致力于把瑶族特有的节庆风俗文化与日常生活相融合，并以新颖的设计手法与方法使这种传统的民族文化与现代人的生活相融合。选取瑶族节庆风俗作为设计题材，我们从中提炼出具有代表性及识别度高的视觉元素——各类人物形象、生活场景、独特的服饰，并且把这些要素巧妙地应用于插画创作之中，呈现瑶族节庆活动的生动景象与独特魅力。

在月历设计上，将这些精致的插画完美地融入每页，让人们体验到瑶族节庆氛围与快乐。与此同时，这一设计方式还赋予月历全新的价值与性质，在强化月历实用功能的同时，还将月历打造成艺术感与文化内涵兼具的生活用品。

具体而言，设计师在设计时对瑶族文化最具代表性的节庆风俗做了深入的研究，并从各支系服饰、住所等多方面进行抽取整理，绘制了一批绚丽多姿的插画作品。以伞舞插画为例，撷取瑶族花伞纹样，精心描绘平地瑶头巾，使插画叙事性与商业性完美融合。

设计师通过这样的设计，希望能使更多人了解、欣赏瑶族节庆文化，领略瑶族特有的民族魅力，进而提高大众对瑶族文化的认同程度、传承这种丰富的民俗文化。这种以瑶族节庆风俗为背景的月历图案，既是视觉上的享受，又是文化上的延续，更是大家对瑶族文化深切的崇敬与无限的喜爱。

设计图如图 7-22 所示。

图 7-22　基于瑶族节庆风俗的插画创作

续图 7-22

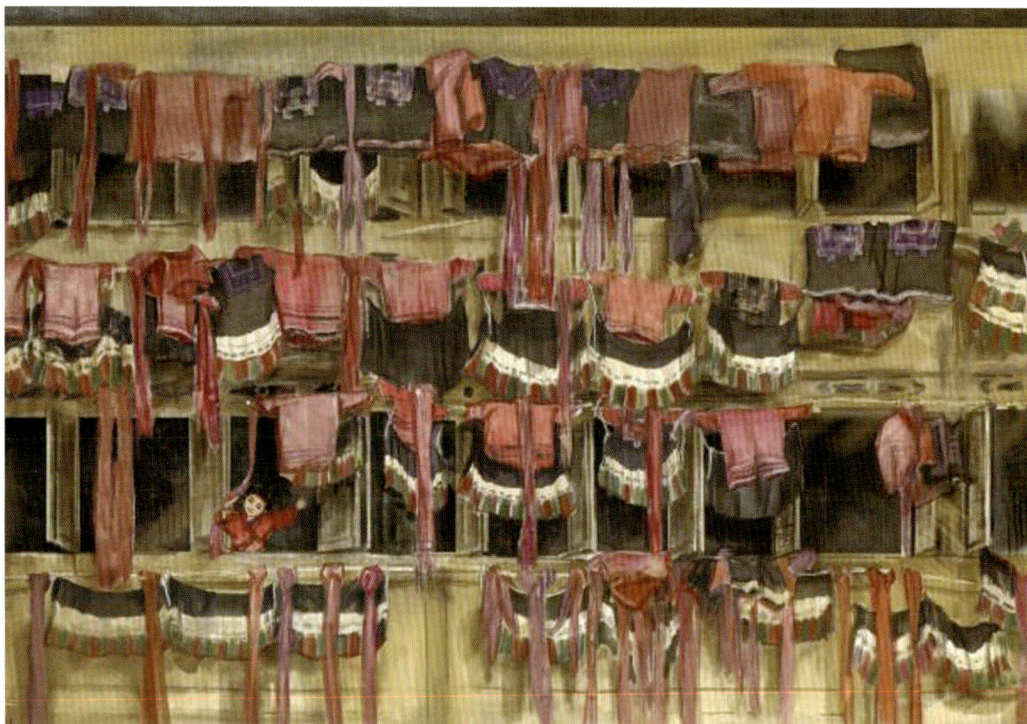

续图 7-22

实物图如图 7-23 所示。

图 7-23　基于瑶族节庆风俗的月历设计实物图

14. 设计名称：瑶族传统纹样的文创设计

设计说明：

本次设计灵感来源于瑶族传统图案，尤其是其中女性装饰元素所富含的各种纺织纹样。瑶族妇女在纺织生产过程中所创造的线条多是直接而鲜艳的，这一特征并不是偶然的，它是由原始纺织方法所具有的特点所决定的。这些简单直观的线条，很有节奏地反映出瑶族文化的率直、奔放和激情。

　　将瑶族纺织纹样应用到设计当中,既是一种对瑶族传统纺织品工艺的崇敬与喜爱,更是一种独特审美的传承与发展。在进行设计时,尽可能地保留了这些图案最初的美与内涵,又赋予了它们现代表现形式与设计语言,使之在当今焕发出特有的光芒。

　　在本次设计中,我们对瑶族纺织纹样进行了尽可能多的抽取,包括其色彩、形状和纹理等方面,并对这些要素进行整合,形成新的设计语言。该语言不仅保留瑶族纺织纹样原有魅力,而且现代感强,可广泛应用于各类文创产品。

　　此外,我们也特别关注了纹样的实用性和功能性。设计时尽量考虑到产品使用场景及使用者要求,保证所设计的图案既美观又实用。比如在日常生活用品中,选用一些简洁明了的线条纹样不仅能反映瑶族文化特点,也能满足现代人对生活审美的追求。

　　从整体上看,该设计对瑶族传统纹样进行了新的诠释与再创作,希望借此能使更多人对瑶族文化有所认识与鉴赏,对瑶族纹样魅力有所体会,以进一步促进瑶族文化传播与发展。

　　设计图如图 7-24 所示。

图 7-24　瑶族传统纹样的文创设计图

实物图如图 7-25 所示。

图 7-25　瑶族传统纹样的文创设计实物图

15. 设计名称:"灵香瑶韵"瑶族香制品包装设计

设计说明:

本次设计围绕瑶族文化这一主题,利用平面构成法则及格式塔原理提炼了扁平化图形元素并将其巧妙融入"灵香瑶韵"瑶族香产品包装设计之中,希望以此设计使用者在品味香制品之余能够体会瑶族文化之博大精深与韵味。

"灵系列"包装设计具有活泼可爱、青春洋溢、朝气蓬勃等特点。它的设计灵感多来源于瑶族服饰的抽象要素,它们被设计师巧妙地提炼并创新重组,从而产生新的设计语言。将其应用于包装设计,不仅使人领略到瑶族文化所特有的美,而且可以激发年轻消费者对其产生共鸣与好奇心,大大增强产品吸引力。

相比较而言,"韵系列"的包装设计更稳重、更深刻,目标顾客以具有燃香习惯或者了解香类产品的中高端顾客为主。在设计上,以瑶族有关插画为主,通过细腻的刻画与精巧的编排,使消费者在燃香之余体会瑶族文化之深邃与静谧。包装的香气则选用一些较深、较远的香型,与包装设计主题相协调。

除视觉元素设计外,对包装结构进行革新。我们采用现代视觉形象设计思想,把包装设计成一个可供交互的架构,使消费者在使用产品时也能够体会到设计的趣味性与人性化。该设计在提升产品使用体验的同时,还使瑶族文化更加广泛地传播与运用于日常生活。

"灵香瑶韵"瑶族香制品包装设计,创新地演绎与传播瑶族文化。我们用设计来使瑶族文化魅力在现代生活里绽放出来,同时使更多人能通过对产品的利用来认识并享受瑶族文化。

设计图如图 7-26 所示。

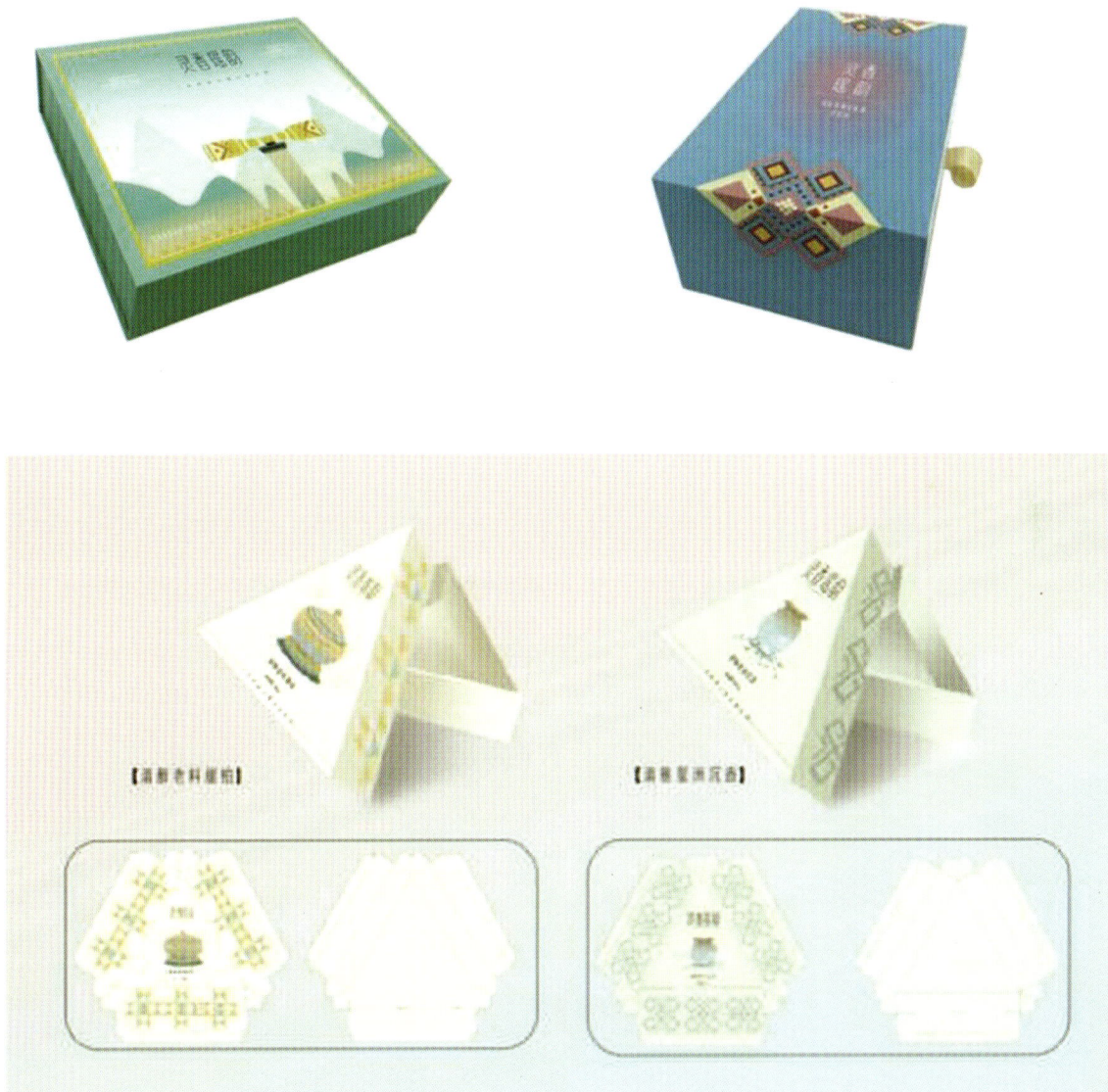

图 7-26　"灵香瑶韵"瑶族香制品包装设计图

续图 7-26

实物图如图 7-27 所示。

图 7-27 "灵香瑶韵"瑶族香制品包装实物图

16. 设计名称:瑶族文化招贴设计

设计说明:

本次设计从瑶族丰厚的文化资源中提取素材,把创新、创意作为设计的灵魂和核心,通过做文化推广招贴,把瑶族人文、历史资源变成文化价值,使更多人认识、鉴赏瑶族文化。

　　本次设计是从瑶族人文历史及宗教信仰入手,深入研究了解,从而找到具有瑶族特色及象征意义的设计元素。标志设计中利用图形同构原理把瑶族标志性器物长鼓和汉传道教象征符号结合起来构成兼具瑶族特色和丰富道教文化的新符号。

　　海报设计中也运用图形同构设计原理。我们把瑶族传统神话传说和盘王节作为文化元素与瑶族标志性器物同构设计而成的系列海报别具一格,视觉冲击力强。这些海报既可以使公众欣赏到瑶族民族风情与历史特色,又可以激发人们对瑶族文化进行深度思考与探究。

　　在设计全过程中,我们坚持创新与创意并重,力求把瑶族文化元素与现代设计语言有机结合并创新,希望创作出既有瑶族特色又能满足现代审美要求的设计作品。希望借此能使瑶族文化在现代社会得到宣传与普及,同时使更多人能够通过该设计来认识并感受瑶族所具有的韵味。

　　从整体上看,本设计对瑶族文化进行了深入探讨与创新解读。希望能通过本次设计使更多人对瑶族文化有所认识与鉴赏,也为广大人民群众展现瑶族文化在当代设计上的无限可能性。

　　设计图如图 7-28 所示。

图 7-28　瑶族文化招贴设计

17. 设计名称："瑶心"木艺首饰盒

设计说明:

本次设计将瑶族传统纹样作为核心要素,创作了独具特色的瑶族首饰盒图案。在设计过程中设计心理学与设计符号学作为理论支撑,并借用交互体验设计、感性设计与通用设计等概念作为实践指导,努力使传统和创新、功能和审美、实用和趣味天衣无缝地结合在一起,才能打造出一个富有瑶族文化气息的"瑶心"首饰盒。

首饰盒撷取瑶族传统图案重新设计,对繁杂图案加以抽象与简化,更加契合现代审美。同时致力于设计功能分区清晰、构思新颖、实用性强、交互感强的木艺文创首饰盒。首饰盒内根据首饰的不同类型合理分区,使使用者能够轻松储存及拿取首饰;在造型方面,我们用简单的线条、高雅的颜色,让首饰盒自身像艺术品一样。

此外,我们还针对"瑶心"首饰盒设计了系列化包装。包装也是采用瑶族传统图案,和首饰盒构成统一设计语言。希望以新颖有趣的设计方式使瑶族传统文化能为更多的人所赞赏、所熟悉。

这件"瑶心"木艺首饰盒,既是我们对瑶族文化的深入发掘与创新表现,更是我们力图重构中国式、民族式美学意境的尝试,使瑶族文化之精华能在现代社会得到继承与弘扬。希望此首饰盒能够成为大家领略瑶族文化、感受瑶族风情的窗口,以及传播与弘扬瑶族文化的有效媒介。

设计图如图 7-29 所示。

图 7-29 "瑶心"木艺首饰盒设计图

实物图如图 7-30 所示。

图 7-30　"瑶心"木艺首饰盒实物图

18. 设计名称："盘瓠盗谷"神话传说键帽设计

设计说明：

本次设计立足于瑶族神话传说"盘瓠盗谷"，通过解构分析，结合其中的独特元素以及瑶族特色图案纹饰，进行键帽及其相关产品的开发设计。本设计意在运用叙事性设计方法使瑶族神话传说及文化特色进入现代人生活之中，从而使瑶族文化之精华能够在日常生活当中得到彰显与传播。

首先，我们通过对"盘瓠盗谷"神话传说叙事结构与情节设置进行深入考察，从中提炼出具有代表性与视觉冲击力的元素，比如盘瓠与谷物。然后，我们通过设计创新，把这些元素与瑶族特色的图案纹饰巧妙地融合在一起，从而形成一个充满瑶族文化的键帽设计。

从设计形式上看，我们运用立体、半立体和平面相结合的设计手法，使得键帽设计不仅在视觉上有立体感，而且能够在有限空间中表现出丰富的内涵与含义。希望以此来使大家在使用键盘的同时能够体会瑶族神话传说的神奇之处，并对瑶族文化产生深刻的认识与浓厚的兴趣。

该"盘瓠盗谷"神话传说键帽的设计目的是以独特的设计手法、新颖的设计思路将瑶族神话传说及文化特色带入现代人的生活中，使瑶族文化之精华能反映并流传于日常生活。

设计图如图 7-31 所示。

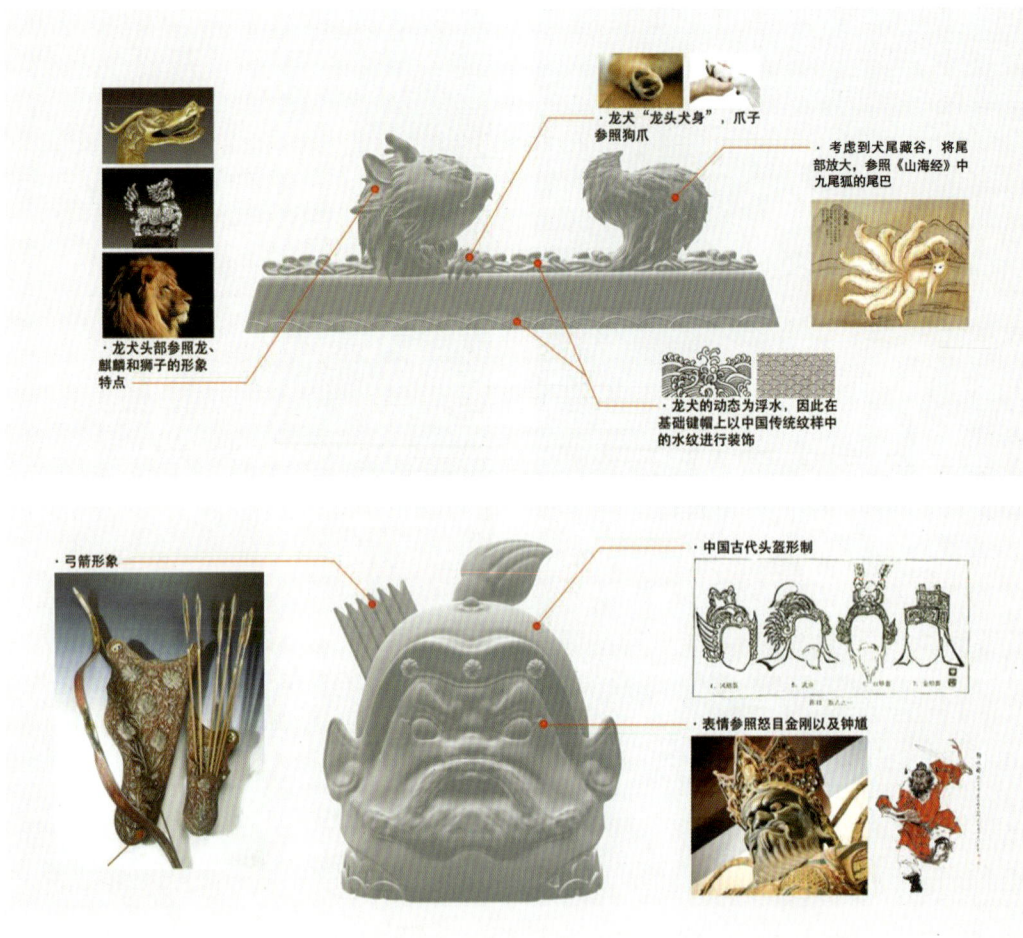

图 7-31 "盘瓠盗谷"神话传说键帽设计图

实物图如图 7-32 所示。

图 7-32 "盘瓠盗谷"神话传说键帽实物图

19. 设计名称:瑶族纹样卡牌设计

设计说明:

本次设计的目的是通过在时下流行的卡牌游戏之中加入瑶族传统纹样,使其成为传播瑶族文化的一种新载体。在这种创新方式的推动下,希望能加深大众对瑶族文化的认知与记忆,也期望以游戏的方式使瑶族传统文化更加广泛地传播。

　　首先,在充分研究瑶族文化的前提下对瑶族传统纹样做细致的分析与提炼。这些图案不但有其特有的美,而且还承载着瑶族的历史、信仰与精神。我们将符号学原理与格式塔心理学中的完形原则相结合,将这些图案进行二次创作并挖掘它们背后所蕴含的文化含义与民族精神。

　　然后我们把这些图案通过连续和变异的形式纳入卡牌游戏设计之中。每张卡牌既是瑶族纹样在艺术上的表现,又是瑶族文化的展示。这样,希望可以使游戏玩家在获得游戏乐趣之余,对瑶族文化有一个深刻的体会与了解。

　　这种瑶族纹样卡牌设计就是我们对瑶族文化进行的创新的诠释与传播,希望借此能使更多人认识并领略瑶族文化的魅力,也使瑶族传统文化能够在现代社会获得新生与传播。

　　设计图如图 7-33 所示。

图 7-33　瑶族纹样卡牌设计图

实物图如图 7-34 所示。

图 7-34　瑶族纹样卡牌实物图

续图 7-34

20.设计名称:"密洛陀"叙事性长卷设计

设计说明:

设计根据布努瑶族神话传说"母系始祖密洛陀"故事改编成充满视觉艺术魅力的叙事插画。通过插画这一表现形式,试图在叙事性理论和实践创作之间寻找一种整合,从而更好地勾勒出这一富有神秘色彩的民族故事,并且通过这段故事,传播瑶族布努瑶分支民族历史,增强民族文化认同感。

在最初的设计阶段,我们对密洛陀神话文本内容进行了深入的研究,了解了它深刻的文化内涵与象征意义。基于此,对故事关键场景与人物——撷取,并转换成插画之要素,而保有原本民族特色与神话色彩。

在插画创作中采用叙事性插画理论与手法,用一致的视觉叙事形式来呈现整个密洛陀神话。插画里的每张图片都是故事里的情节,每个细节都是故事深度的诠释。我们在确保故事本来面貌的前提下,用艺术的方法对故事的各要素重新创造,从而在保留原有含义的前提下提高艺术审美价值。

与此同时,我们还把这些插画以长卷方式设计出来,让观赏者能够如同读古代画卷般,从起点到终点全面感受这一神话故事。这一形式既能增强插画叙事性,又能使观赏者更深刻地投入故事之中,体会其魅力。

从整体上看,这件"密洛陀"叙事长卷设计是我们对瑶族布努瑶支系神话传说一次别开生面的诠释与展示,希望借此能使更多人对瑶族神话文化有所了解与鉴赏,体会到瑶族深厚历史底蕴与独特民族精神,以增强民族文化认同感。

设计图如图 7-35 所示。

图 7-35   "密洛陀"叙事性长卷插画设计

续图 7-35

实物图如图 7-36 所示。

图 7-36 "密洛陀"叙事性长卷实物图

21. 设计名称:瑶族漫画

设计说明:

本次设计立足于瑶族丰富深厚的文化历史,主要表现瑶族长鼓舞和神话传说的地域特色,选取富有瑶族特点的盘瓠神话进行研究,以漫画这种形式生动有趣地展示瑶族文化特有的魅力。

创作时,先进行深入研究与剖析,充分了解瑶族历史文化、风俗、神话传说。在撷取盘瓠神话时,运用故事创作原理及结构主义的文化分析方法来保证故事完整真实,同时使故事更具有吸引力与趣味性。

在漫画脚本创作上,利用漫画镜头语言建构分镜,使故事讲述更有动态感与连贯性。在人物及场景设计上,综合运用符号学能指及所指原则,萃取瑶族传统元素,使人物及场景不仅契合瑶族文化特色,而且兼具漫画艺术美感。

同时,特别注重连环画的画面设计和色彩搭配,力求通过细腻的线条和丰富的色彩,把瑶族的风土人情、历史文化和神话传说生动地表现出来。

　　从整体上看,这幅瑶族漫画为我们提供了对瑶族文化新的探索与实验,希望能够通过本漫画使更多人认识并感受瑶族文化魅力,也想以此增强瑶族文化影响力与认知度。

　　设计图如图 7-37 所示。

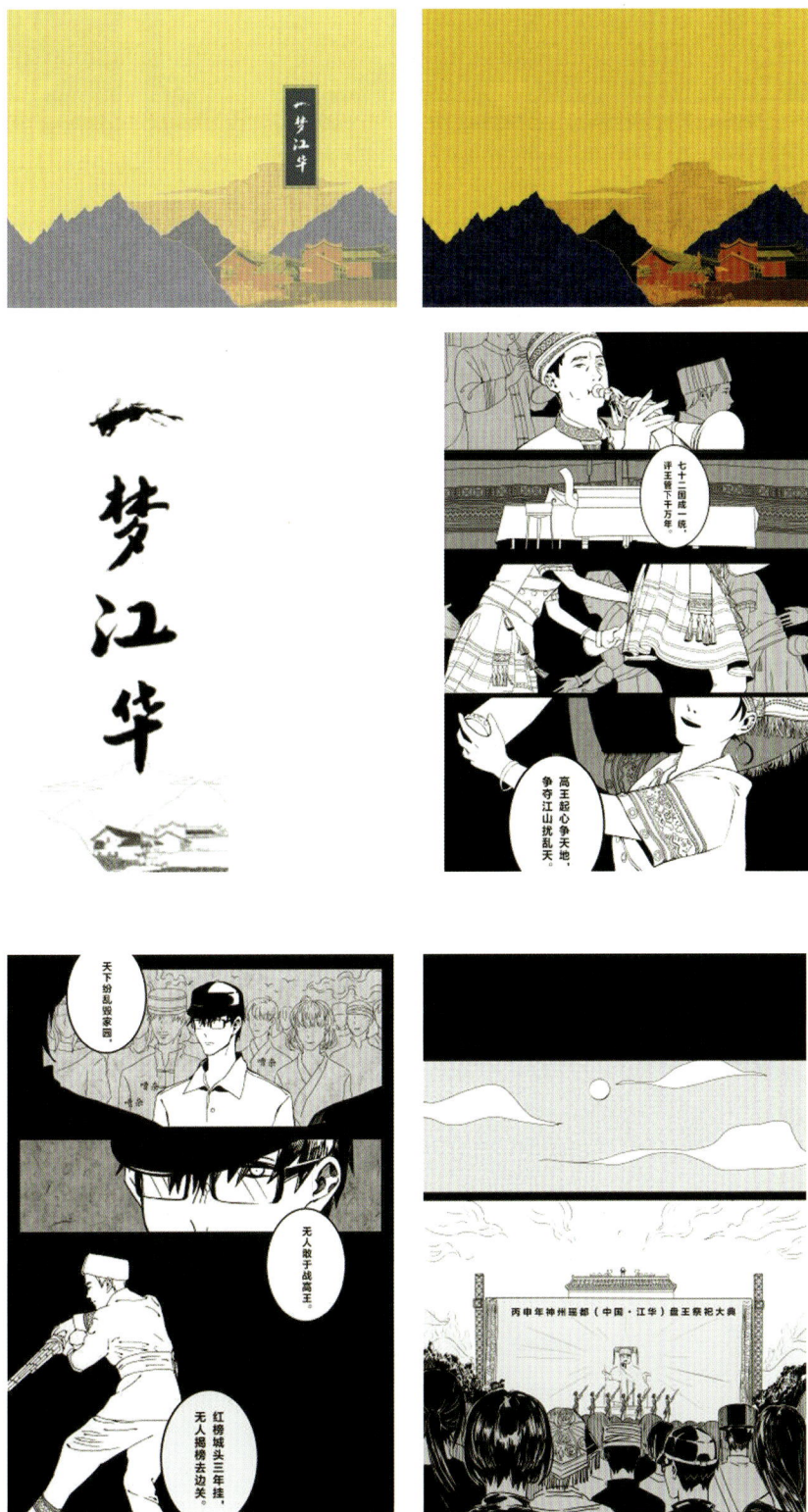

图 7-37　瑶族漫画设计图

实物图如图 7-38 所示。

图 7-38　瑶族漫画实物图

22. 设计名称:瑶族药包包装设计

设计说明:

本设计项目意在通过将瑶族传统文化与药包包装进行整合,在展示瑶族深厚历史与医药知识的同时,提升产品视觉吸引力与市场竞争力。

瑶族医药知识十分丰富,药用植物也多种多样,所以瑶族药包在其传统文化中占有重要地位。我们设计的过程是从对瑶族文化进行深入学习、有了深刻的认识开始的,其中有其历史、信仰、生活习俗、纹饰艺术、药物知识等,希望以此为途径,把瑶族丰富的文化内涵融入包装设计。

在设计过程中运用手绘插图、拓印等表现手段来描绘瑶族传统纹样及民俗风情。手绘插图在设计形式上,给设计作品以原始、自然与人文的味道,拓印在表现形式上又让作品更具艺术感与立体感。在设计全过程中,努力将瑶族传统纹样与民俗风情完美地体现于包装之中。

该包装设计不只是一种外部视觉上的表达,更是对瑶族文化的继承与推崇。希望借此能使更多人对瑶族传统文化及医药知识有所了解,也能使瑶族药包包装设计更具魅力,增强市场竞争力。

整体来看,本次瑶族药包包装设计将传统文化与现代设计理念进行完美结合,在尊重传统的同时也充满了创新。希望本设计能有助于瑶族药包取得更大的市场成功,也期望能为瑶族文化传承与传播尽自己的绵薄之力。

设计图如图 7-39 所示。

图 7-39　瑶族药包包装设计图

实物图如图 7-40 所示。

图 7-40　瑶族药包包装实物图

23. 设计名称:"瑶族长鼓舞"舞蹈套路系列插画设计

设计说明:

本设计项目是在韵味十足、力量强大的瑶族长鼓舞基础上,经过详细调查和深入了解,融入了它动感高雅的舞姿以及表现力丰富的卡通形象,绘制了一批独具特色的插画作品。

瑶族长鼓舞作为瑶族人民经过长期生活实践所创造并不断丰富起来的一种文化形态,既是表达瑶族人民感情的一种途径,也是体现瑶族人民生产生活精神的产物。每个舞姿、每个动作都在独特地演绎着瑶族民众的生活状况。所以我们把这一富有生活气息与人文精神的舞蹈元素以插画的方式展现给人们,让它给人们带来更加强大的视觉冲击力与感染力。

设计时我们用卡通造型展现长鼓舞各动作。这种造型在保持舞蹈原始魅力的同时,结合现代审美,产生了既质朴而又清新的视觉效果。与此同时,卡通形象生动、有趣的特点也使这些插画能够很好地和受众交流,起到有效传播文化的效果。

此外,我们在设计中还特别注重对瑶族五色的运用。这种用色来源于瑶族人民长期的生活审美观念,有着深刻的文化内涵。在进行插画设计时,尽量保留原有的色彩搭配方式,让作品视觉更丰富、更立体,也更能传递瑶族文化之精华。

从整体上看,"瑶族长鼓舞"舞蹈套路的插画设计系列作品属于尝试,其目的在于通过插画这一形式向更多受众展示瑶族长鼓舞所具有的魅力,让更多人了解并享受瑶族特有的文化。我们认为这一设计既可以彰显瑶族文化所产生的深远影响,又可以给当代插画艺术带来新的生机与创新元素。

设计图如图 7-41 所示。

图 7-41　"瑶族长鼓舞"舞蹈套路系列插画设计图

实物图如图 7-42 所示。

图 7-42　"瑶族长鼓舞"舞蹈套路系列插画实物图

24. 设计名称:瑶族新中式插画设计

设计说明:

本设计课题旨在刻画瑶族文化的丰富多彩和深远历史,围绕瑶族传统文献进行了详细研究,抽取具有标志性意义的非遗项目"盘王节""度戒""长鼓舞""花瑶挑花"等作为创作主题。

这四个大项目均为瑶族文化的代表要素,凝结着瑶族人民世代传承的智慧与手艺。我们设计的目的就是要把这些要素以插画的方式艺术化地重新创造,使其获得新生,获得新的表达手段。为达到这一目的,我们选取符合时代审美观的新中式插画,运用叙事性设计,并融入瑶族特色服饰、传统故事和其他文化符号,使每幅插画都成为叙述瑶族文化的小传。

创作期间,共完成大小插画四幅。每幅作品均以一个非遗项目为主题进行演绎,勾勒出瑶族文化之深邃与多元。这些插画设计还被运用于硅胶桌垫、丝巾以及其他实用性产品中,这不仅能够使更多的人接触瑶族文化,而且能够给瑶族文化传播带来更大的可能。

我们的设计也充分考虑了不同受众群体的审美需求,不论是新中式插画风格或是硅胶桌垫、丝巾等图案,均旨在吸引各年龄层、各背景之人,使其皆能在其中体会瑶族文化之魅力。

从整体上看,"瑶族新中式插画设计"是对少数民族非遗文化的保护与继承。希望借此设计向更多观众展现瑶族文化多样性与丰富性,从而破解少数民族传统文化保护与传承的窘境,也给现代设计带来新的角度与思考方式。

瑶族新中式插画设计如图 7-43 所示。

图 7-43　瑶族新中式插画设计

续图 7-43

7.2
工艺长鼓模块

基地基于瑶族神话、服饰、建筑、宗教文化制作瑶族文创工艺长鼓。

1. 长鼓名称:赶鸟节传说故事

设计说明:

赶鸟节是瑶族文化的重要传统节日,也是瑶族青年人的"情人节"。每年农历二月初一,瑶族青年男女身着民族盛装,聚在山冈上,载歌载舞,共同庆祝这一盛大的传统节日。该节日在瑶族文化中占有重要地位,同时也是瑶族群体情感联结与文化传承的主要媒介。

本设计旨在通过工艺长鼓对瑶族传统民俗文化进行宣传与传播,使更多的人认识与了解瑶族生活方式与文化精神。我们选取赶鸟节传说为设计题材,并把此传说故事用插画展现于长鼓上。在插画设计上,尽量撷取瑶族地方风貌,例如山、林、溪等自然景观和瑶族赶鸟节的喜庆服饰,这种种要素充分表现出瑶族文化特有的魅力。

在对现代青年人审美取向有深刻认识的前提下,尽量把这一审美取向贯穿于设计之中。比如我们所设计的插画在样式、色彩搭配等方面,尽量贴近现代青年人所喜爱的审美样式,使其既能欣赏长鼓,又能体会瑶族文化所带来的韵味。

此外,我们在长鼓的形状和结构上也进行了一些创新。这对故事性插画长鼓设计,既可独立展示,又可结合起来构成一个整体。这一设计在增添长鼓趣味性的同时,还使赶鸟节传说故事更生动、更完整。

总体来说,我们希望能通过这一创新途径使更多人对瑶族传统民俗文化有所认识与了解,也使瑶族文化能更好地传播与发扬。不论是瑶族传统节日、瑶族自然风貌乃至瑶族青年人节日服饰,都想借助这一工艺长鼓,向世界各国人民进行展示,使其更加深刻地认识与理解瑶族文化。

长鼓设计图如图 7-44 所示。

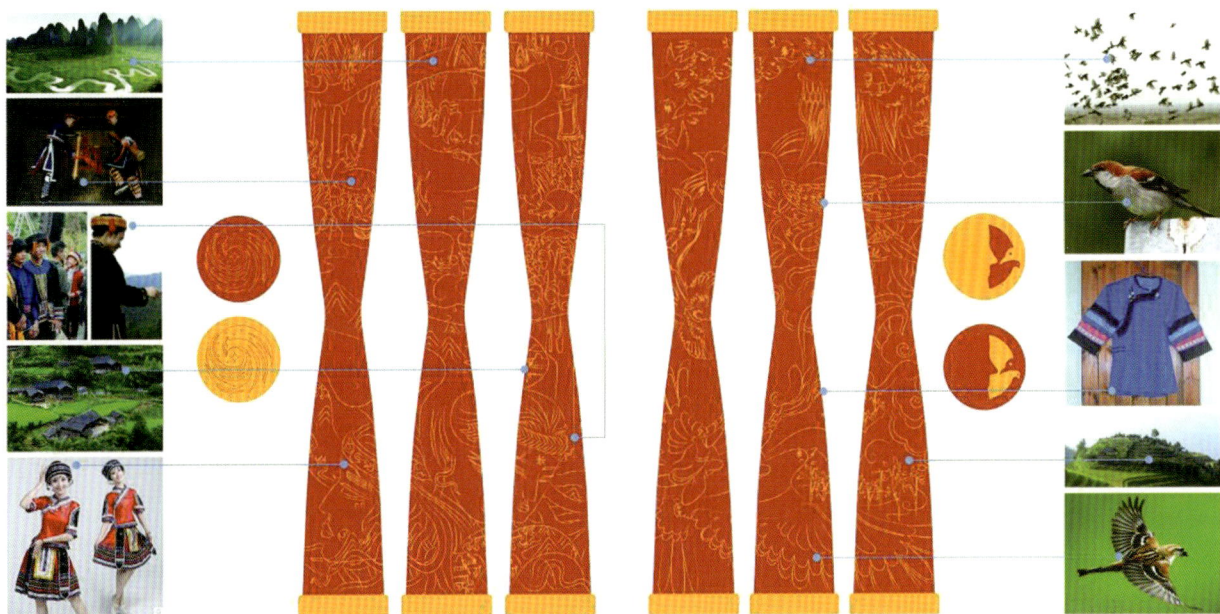

图 7-44　"赶鸟节传说故事"长鼓设计图

长鼓实物图如图 7-45 所示。

图 7-45　"赶鸟节传说故事"长鼓实物图

2. 长鼓名称:"莲花育子"

设计说明:

本次设计灵感源自瑶族流传甚广的《伏羲兄妹歌》。该歌以其特有的叙事方式讲述瑶族神话创世故事。我们设计的目的就是希望借助长鼓这一传统载体来继承与弘扬瑶族传统文化,使更多人认识与感受瑶族神话传说中的神奇之处。

设计过程中以符号学、色彩心理学等作为理论基础,在充分阅读、了解《伏羲兄妹歌》的文本基础上,将其象征元素、故事情节等进行了总结、梳理,抽取具有代表性、视觉冲击力强的要素与场景进行融合与转换,形成图形化插画纹样。

我们的设计充分考虑到故事的连贯性、整体性等特点,努力使故事更具有视觉冲击力、艺术感染力,而又能保持原故事情节。我们采用综合材料的表现技法,以细腻的笔法、浓郁的色彩完美展现瑶族神话中的奥秘与美。

在选色时,借鉴瑶族传统颜色,尽量保持瑶族文化原始特色与韵味。我们还将现代审美元素融入设计当中,让长鼓的设计既有传统韵味,又不失现代风格。

此外,我们在设计的最后阶段,还进行了实物的手绘制作,以确保设计的实用性和观赏性。希望通过设计能把瑶族传统文化魅力用一种新颖的形式呈现给大家,使更多人了解并欣赏瑶族神话传说,领略瑶族文化的独特魅力与丰富内容。

长鼓设计图如图 7-46 所示。

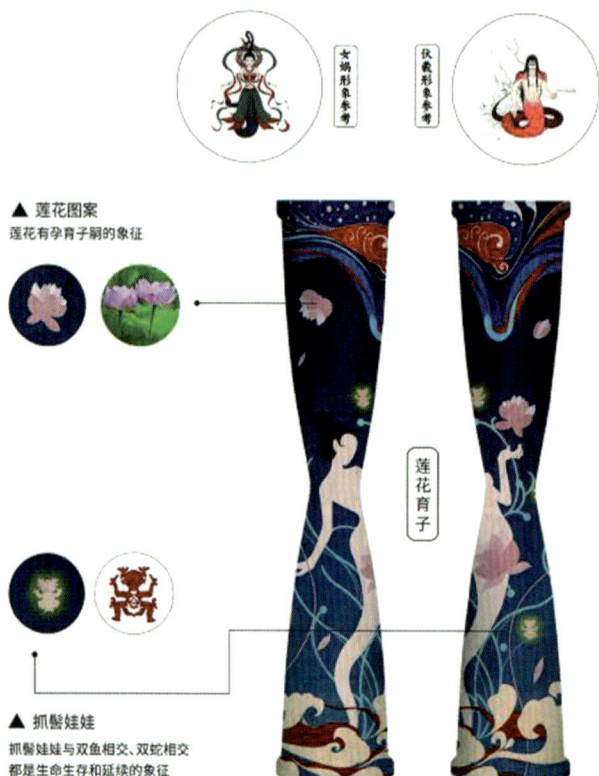

图 7-46 "莲花育子"长鼓设计图

长鼓实物图如图 7-47 所示。

图 7-47 "莲花育子"长鼓实物图

3. 长鼓名称:蓝靛瑶长鼓

设计说明:

蓝靛瑶长鼓设计灵感源于瑶族特有的分支蓝靛瑶。蓝靛瑶因种蓝靛草和用蓝靛草染衣服而得名,形成了独特的服饰风格和深厚的文化底蕴。其居住地分布在中国云南富宁、河口、师宗、砚山、广南、红河、金平、麻栗坡和勐腊一带,也分布在广西巴马、西林、田林、凌云和防城港一带,乃至远在越南、老挝等国。

该设计旨在通过长鼓这一瑶族传统艺术载体来展示蓝靛瑶独特的文化与生活方式,使更多人认识和领略蓝靛瑶丰富的文化内涵与独特魅力。设计主要是以蓝靛瑶服饰文化为研究对象,深入研究他们的传统制衣工艺及蓝靛染色技术,并把这些要素以插画方式融入长鼓设计之中。

我们在设计中尤其重视色彩应用。蓝靛瑶因蓝靛染色技术独特而著称,其服装颜色多为深浅不一的蓝色,这一颜色的应用不仅反映出蓝靛瑶人的生活哲学,而且使其服装具有特殊的美学价值。我们在设计时,把这深深浅浅的蓝色融于长鼓插画之中,并力求通过颜色的比较与搭配,表现出蓝靛瑶服饰文化之韵味。

长鼓设计图如图 7-48 所示。

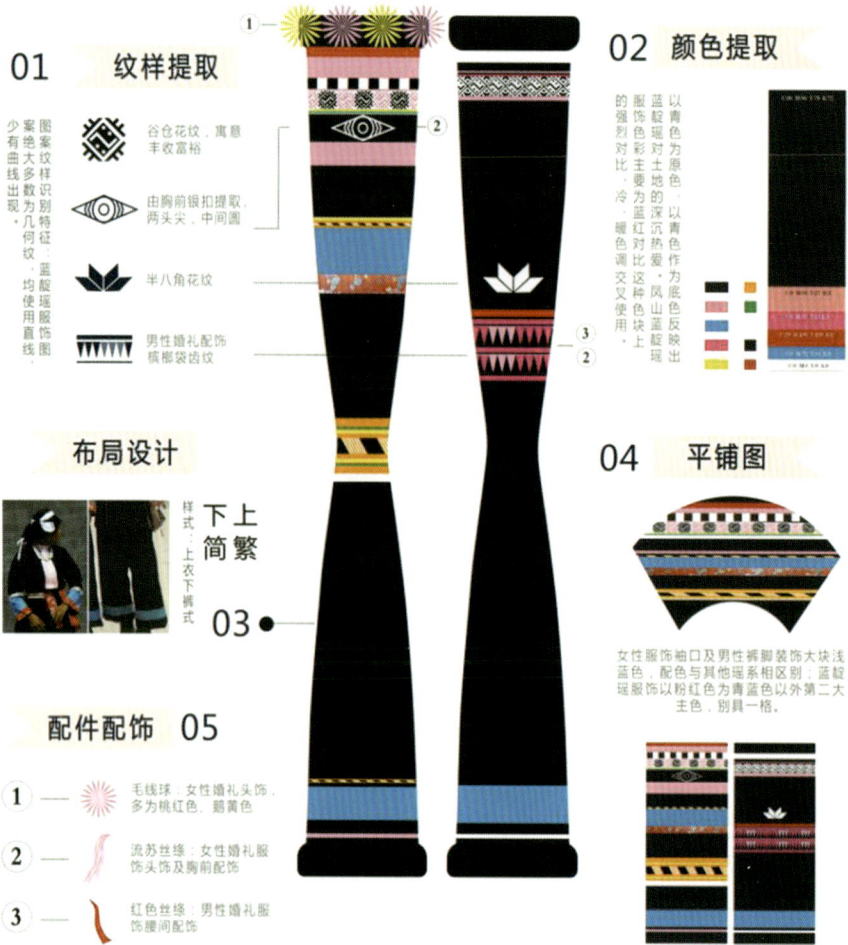

图 7-48　蓝靛瑶长鼓设计图

长鼓实物图如图 7-49 所示。

图 7-49　蓝靛瑶长鼓实物图

4. 长鼓名称：花瑶长鼓

设计说明：

花瑶长鼓设计灵感来源于花瑶，这一瑶族支系，以细腻独特的挑花工艺命名。花瑶先民善于编织木皮，用草本植物色素染色，制造鲜艳五色衣服。对花瑶这个没有文字的民族而言，挑花工艺犹如一种特殊语言，用自己特有的方式记载着历史文化，成为穿着的史书。

花瑶长鼓设计中，以花瑶挑花纹样及派特典为主要设计元素。挑花纹样饱含浓郁的民族风情、生活气息、历史底蕴，而派特典也是花瑶人的精神支柱与文化象征之一。这两种元素的结合，将花瑶的历史文化和生活方式完美地融入长鼓的设计之中。

在选色时，我们使用花瑶人喜欢的红、黄、蓝、绿、黑五种色彩。这五种颜色既是花瑶人传统的颜色，又象征着花瑶人的生活哲学与民族精神。红色象征着生命与活力，黄色象征着大地与富饶，蓝色象征着天空与自由，绿色象征着自然与和谐，黑色象征着宇宙与神秘。这种五色搭配使得长鼓设计富有活泼之气，更能彰显花瑶文化之韵味与本质。

我们希望通过对花瑶长鼓设计的研究，能使更多人认识花瑶人民的历史、文化及生活方式，体会花瑶人民的睿智与创造力，以有助于花瑶文化更好地继承与发扬。

长鼓设计图如图 7-50 所示。

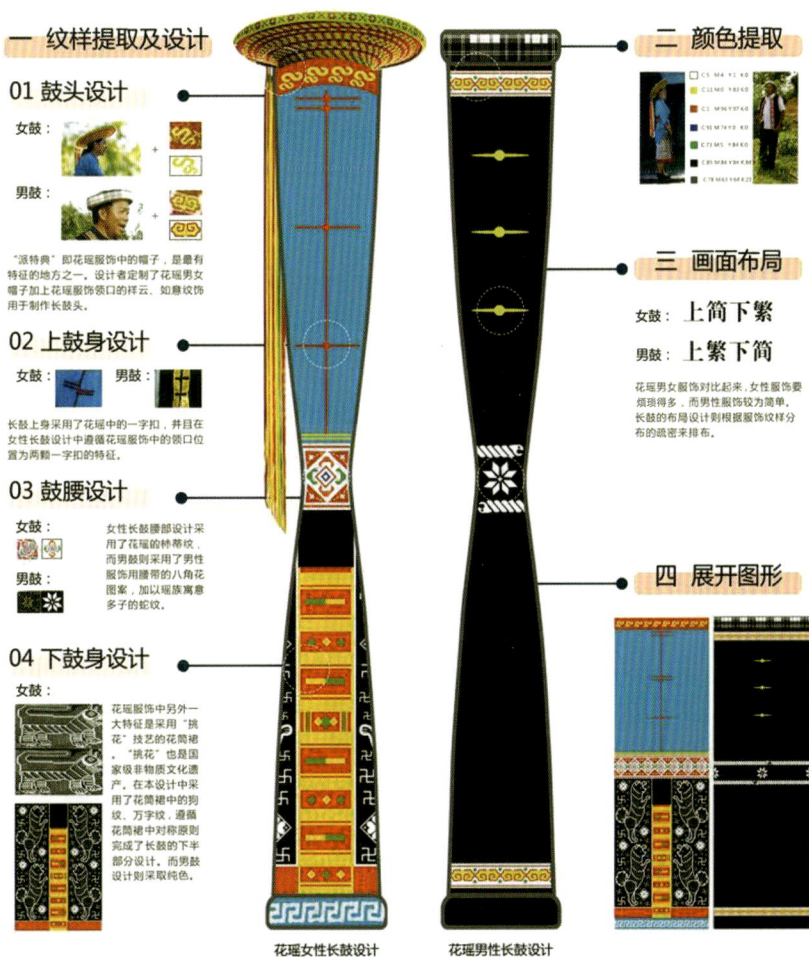

图 7-50　花瑶长鼓设计图

5. 长鼓名称：顶板瑶长鼓

设计说明：

顶板瑶长鼓设计灵感来源于顶板瑶族特有的头饰——顶板瑶族外在意象的显著象征和历史文化物质载体。顶板瑶族头饰丰富多彩、别具特色、玲珑剔透，从它身上可以明显窥探到顶板瑶族人的精神风貌、民族性格以及审美意识等，还可追寻到这一民族文化历史的发展轨迹。

在顶板瑶长鼓的设计上，我们把顶板瑶族头饰纹样与元素进行了有机的结合。我们从顶板瑶族头饰结构与造型中汲取具有丰富象征意义的纹样与要素，以展现顶板瑶族绚丽多姿的历史文化与生活哲学。同时我们还把顶板瑶族头饰制作工艺及材质特性纳入长鼓制作之中，使长鼓既有视觉之美又有工艺美感。

在色彩选择方面，沿用顶板瑶族传统头饰色彩，以更好地反映顶板瑶族文化特色与历史底蕴。与此同时，还注意色彩搭配与应用，使长鼓设计在保留传统韵味的前提下，兼具现代审美感。

我们希望通过顶板瑶长鼓设计唤起大家对顶板瑶头饰文化的重视与认识，使更多人体会到顶板瑶特有的民族魅力，同时，对顶板瑶族的文化传承与发展起到促进作用。这种长鼓不但是工艺品，而且还是充满了历史文化内涵的厚礼，它向顶板瑶族博大精深的文化致敬。

长鼓设计图如图 7-51 所示。

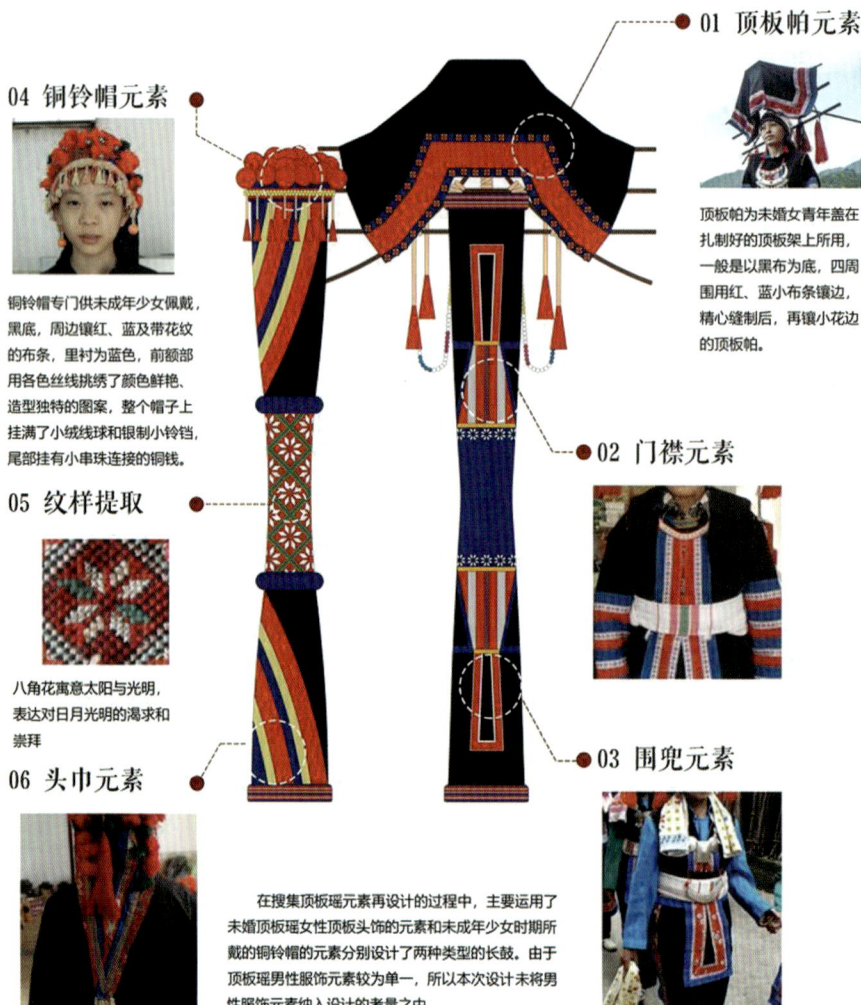

01 顶板帕元素

顶板帕为未婚女青年盖在扎制好的顶板架上所用，一般是以黑布为底，四周围用红、蓝小布条镶边，精心缝制后，再镶小花边的顶板帕。

04 铜铃帽元素

铜铃帽专门供未成年少女佩戴，黑底，周边镶红、蓝及带花纹的布条，里衬为蓝色，前额部用各色丝线挑绣了颜色鲜艳、造型独特的图案，整个帽子上挂满了小绒线球和银制小铃铛，尾部挂有小串珠连接的铜钱。

05 纹样提取

八角花寓意太阳与光明，表达对日月光明的渴求和崇拜。

06 头巾元素

02 门襟元素

03 围兜元素

在搜集顶板瑶元素再设计的过程中，主要运用了未婚顶板瑶女性顶板头饰的元素和未成年少女时期所戴的铜铃帽的元素分别设计了两种类型的长鼓。由于顶板瑶男性服饰元素较为单一，所以本次设计未将男性服饰元素纳入设计的考量之中。

图 7-51　顶板瑶长鼓设计图

6. 长鼓名称：成人礼、婚礼长鼓

设计说明：

我们这两个长鼓的图案代表了瑶族男人人生的两大转折点：成人礼和婚礼。它们象征着生命的生长和延续，是人生旅途上的里程碑。

首先通过对大量文献资料的调研及实地考察，对瑶族成人礼及婚礼仪式内容及精神内涵有了深入了解，在此基础上进行了长鼓设计。我们发现成人礼与婚礼对瑶族文化起着举足轻重的作用，它们既是个体成长与生命延续的标志，也是传承瑶族文化的主要媒介。所以，设计时，我们把这两个重要节点的服饰特点、建筑装饰元素以及仪式情境进行了有机整合，使两个长鼓无论从视觉还是从含义上来说都有了深厚的文化底蕴。

图案纹饰设计借鉴瑶族传统服饰与建筑装饰元素，以反映瑶族审美情趣与生活哲学。我们在撷取传统元素的同时，也融入现代的设计理念，使设计在富有传统韵味的同时也富有时代感。

在配色上，沿用瑶族传统配色，以创造热烈、凝重、圣洁之气氛。与此同时，还注意了颜色的应用手法，使整体设计在表现瑶族民族风格的同时还能够引起现代人审美上的共鸣。

我们希望通过这两个长鼓设计来记录与展现瑶族男性成长过程，唤醒民众对瑶族传统习俗的重视与尊重，促进它们的保护、传承与发扬。同时也想通过这两个长鼓将瑶族文化特有的魅力与博大精深的内涵展现在世人面前，使更多人认识并领略瑶族文化艺术。

长鼓设计图如图 7-52 所示。

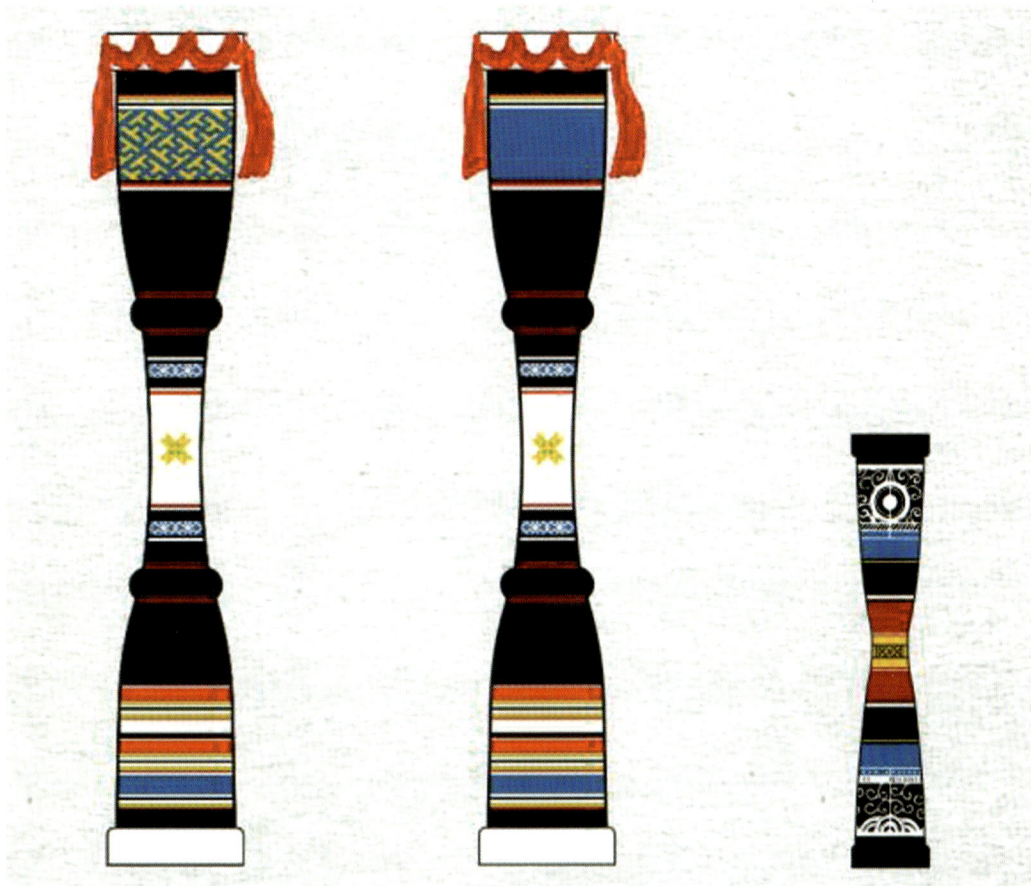

图 7-52　成人礼、婚礼长鼓设计图

长鼓实物图如图 7-53 所示。

图 7-53　成人礼、婚礼长鼓实物图

7. 长鼓名称：乳源过山瑶长鼓

设计说明：

本次设计以乳源过山瑶特有的服饰风格为背景，打造了两个艺术抽象与符号化程度高的长鼓。通过仔细研究乳源过山瑶男、女全套服装元素，从头饰、鞋等方面入手，将其抽象、简化，并巧妙融入两个长鼓设计之中。

我们所设计的女性造型鼓与男性造型鼓不仅从造型方面反映乳源过山瑶性别特点，而且从细节纹样方面也有所反映。我们悉心撷取乳源过山瑶男女双方服饰所共同具有的胸前方巾图案，并将其作为鼓面主要纹饰，使两个长鼓视觉上富有乳源过山瑶地域文化特征。

在设计时，尽最大努力使瑶族传统审美和现代审美有机结合起来，使两种长鼓都能保持过山瑶地域特色和现代感。我们运用现代设计手法对传统元素进行创新，使作品既能保留传统文化，又能唤起现代人的共鸣。

我们希望这两种长鼓既能成为瑶族文化传承的载体，又能成为艺术品，使更多人能通过这些长鼓，认识并领略乳源过山瑶特有的韵味。同时，也希望这两款长鼓能成为瑶族文化传播的桥梁，让更多的人通过对这两款长鼓的了解和欣赏，进一步了解和关注乳源过山瑶这一独特的瑶族支系，进一步促进与扶持乳源过山瑶文化的传承与发展。并希望以此创新设计方式对瑶族等少数民族文化艺术创新有所借鉴与启发。

长鼓设计图如图 7-54 所示。

长鼓实物图如图 7-55 所示。

图 7-54　乳源过山瑶长鼓设计图

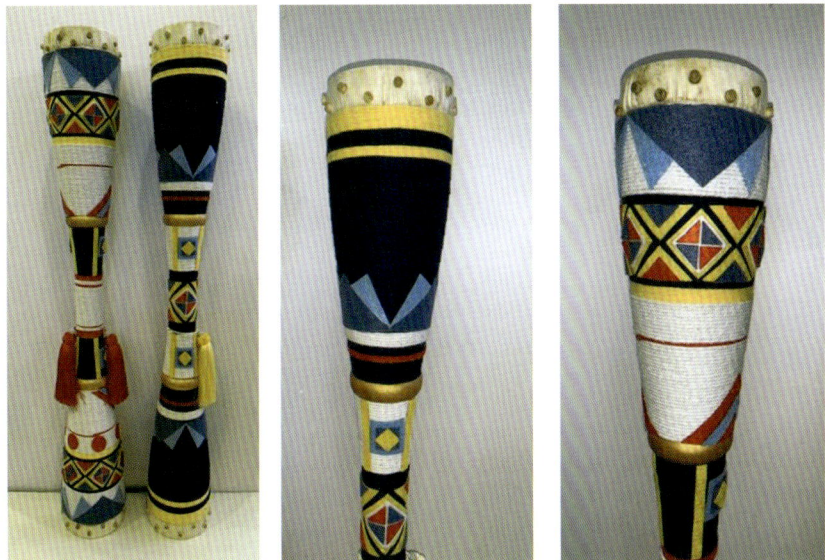

图 7-55　乳源过山瑶长鼓实物图

8. 长鼓名称:《黄条沙曲》长鼓

设计说明:

本次设计以瑶族传统民歌《黄条沙曲》作为启示,制作了一个瑶族特色与现代审美相结合的长鼓作品。我们以文字设计为主要装饰,并融入道教天乾地坤传统图形结构,使此长鼓具有深刻的文化内涵。

设计时,系统设计歌词文字并纳入万字纹笔画结构,添加美好愿望。我们依据乐曲的韵律特征来区别字的大小、色彩,突出高音、节拍等,使长鼓设计既在视觉上优美,又能表现《黄条沙曲》调子。

与此同时,又从瑶族民族服饰上提炼男、女装饰纹样,结合龙犬图腾等原始元素,几何化地简化,使这款长鼓设计更富有现代感。我们将个别造型不断延伸并完成现代化设计,使这种长鼓既能反映瑶族人民和《盘王大歌》中关键人物形象,又能反映瑶族文化现代化潮流。

在鼓面的设计中,我们以歌词起头一句围绕天乾地坤象征,构成深入人心的视觉冲击力。在色彩设计方面,从瑶族传统服装中抽取原色并加以明度和纯度的协调,使整个设计更具现代化和现代人审美。

这种长鼓设计不仅是视觉艺术上的革新,也是瑶族传统文化的深入发掘与革新。我们希望通过此长鼓能使更多人领略到瑶族的文化魅力,也能唤起大家对瑶族文化保护与传承工作的重视与支持。

长鼓设计图如图 7-56 所示。

长鼓实物图如图 7-57 所示。

图 7-56　《黄条沙曲》长鼓设计图

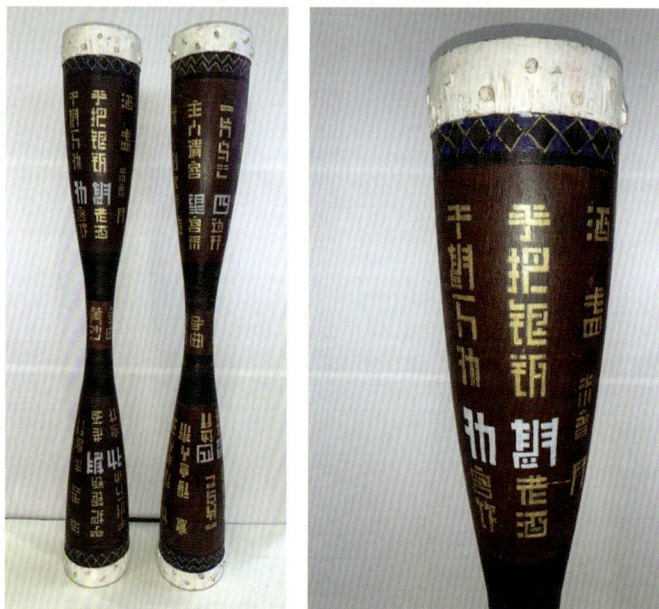

图 7-57　《黄条沙曲》长鼓实物图